스마트폰하나로끝내는

유튜브 크리에이터 되기

에이럭스 교육연구소(박인선, 김정훈) 지음

YoungJin.com Y.
영진닷컴

스마트폰 하나로 끝내는
유튜브 크리에이터 되기

ISBN 978-89-314-6172-5

독자님의 의견을 받습니다

이 책을 구입한 독자님은 영진닷컴의 가장 중요한 비평가이자 조언가입니다. 저희 책의 장점과 문제점이 무엇인지, 어떤 책이 출판되기를 바라는지, 책을 더욱 알차게 꾸밀 수 있는 아이디어가 있으면 이메일, 또는 우편으로 연락주시기 바랍니다. 의견을 주실 때에는 책 제목 및 독자님의 성함과 연락처(전화번호나 이메일)를 꼭 남겨 주시기 바랍니다. 독자님의 의견에 대해 바로 답변을 드리고, 또 독자님의 의견을 다음 책에 충분히 반영하도록 늘 노력하겠습니다.

파본이나 잘못된 도서는 구입처에서 교환 및 환불해드립니다.

이메일 : support@youngjin.com

주 소 : 서울시 금천구 가산디지털1로 128 STX-V타워 4층 401호 (우)08507

등 록 : 2007. 4. 27. 제16-4189호

STAFF

저자 에이럭스 교육연구소(박인선, 김정훈) | **총괄** 김태경 | **진행** 성민

표지 디자인 김효정 | **내지 디자인·편집** 김효정 | **영업** 박준용, 임용수, 김도현

마케팅 이승희, 김근주, 조민영, 김민지, 김도연, 김진희, 이현아 | **제작** 황장협 | **인쇄** SJ P&B

인류 역사를 통틀어 콘텐츠를 만드는 사람은 언제나 극소수였습니다. 나머지 절대다수는 콘텐츠를 수동적으로 소비할 뿐이었습니다. 특히 가장 영향력이 큰 동영상 콘텐츠는 일부 미디어만 만들 수 있었습니다. 촬영 장비, 편집 기술, 통신 설비를 갖추려면 막대한 비용이 들었기 때문입니다.

그러나 스마트폰(2007년), 유튜브(2005년)가 이 견고한 벽을 허물고야 말았습니다. 무겁고 비싼 촬영 장비는 스마트폰이, 편집 기술은 앱이, 통신 설비는 유튜브가 대신합니다. 이제는 누구라도 대형 미디어의 전유물이었던 동영상 콘텐츠를 쉽게 만들고 확산할 수 있습니다.

유튜브의 영향력은 상상을 초월합니다. 초등학생들은 정보를 얻기 위해 포털 사이트 대신 유튜브에서 검색합니다. 인기 유튜버의 인기와 영향력은 어지간한 연예인을 훌쩍 뛰어넘고, 유튜버는 초등학생들의 장래 희망이 됐습니다. 이 같은 흐름은 당분간 지속될 전망입니다.

앞으로 동영상을 만들어 세상과 소통하는 능력은 점점 더 중요해질 겁니다. 이를 키우는 데 도움을 주기 위해 이 책을 썼습니다. 독자들은 책의 앞쪽 절반을 통해 자기소개 영상을 하나 만들면서 다양한 편집 기술을 익힙니다. 책의 나머지 절반에서는 내가 정말 만들고 싶은 콘텐츠가 무언인지 진지하게 고민하고, 나만의 채널을 운영해 봅니다.

어떤 일이든 시작이 가장 어렵습니다. 스마트폰 하나 들고 가볍게 시작해 보세요. 의외로 쉽고, 재미있고, 주변 사람들을 행복하게 할 수 있다는 사실을 발견할 겁니다. 개인이 읽으면서 하나씩 익혀도 좋고, 교사가 수업에 활용해도 좋습니다. 아무쪼록 이 책을 통해 '동영상 소통 능력'을 키우시길 바랍니다.

에이럭스 교육연구소(박인선, 김정훈)

이 책의 내용 🔍

⏸ ▶ 🔊 00:00 / 00:00

차례

⏸ ⏭ 🔊 00:00 / 00:00

⏸ ⏭ 🔊 00:00 / 00:00

11강 인트로 영상을 만들어보자

12강 맞춤 미리 보기 이미지를 만들자

01

유튜브가 대세다

이번 단원에서는

1. 유튜브와 유튜버에 대해 이해해요.
2. 내가 좋아하는 콘텐츠를 간단히 분석해 봅니다.
3. 좋은 콘텐츠에 대한 나만의 정의를 내려봅니다.

현재 우리나라 사람들이 가장 많이 쓰는 앱은 유튜브입니다. 2019년 4월 한 달 동안 총 사용 시간을 합산한 결과 유튜브는 388억 분을 기록해 1위를 차지했습니다. 국민 메신저라고 부르는 카카오톡(225억 분, 2위)보다 거의 2배 가까이 많이 씁니다.

자세히 들여다보면 세부 지표는 더 놀랍습니다. 첫째, 작년 같은 기간보다 사용 시간이 50% 이상 늘어났습니다. 다른 앱들의 상승폭은 5~20% 정도에 불과합니다. 원래 1등이었는데, 2위와의 격차가 점점 더 커지고 있다는 뜻입니다.

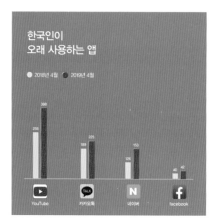

〈2019년 4월 와이즈앱 조사 결과 유튜브는 작년보다 50% 이상 성장해 1위 자리를 지켰습니다.〉

둘째, 모든 연령대에서 1위입니다. 대부분의 앱은 주 사용층이 있기 마련인데, 유튜브는 모든 연령대에서 사랑받는다는 얘기입니다. 놀랍게도 모든 연령대를 통틀어 50대 이상이 가장 많은 시간을 유튜브에서 보냅니다. 보통 인터넷 서비스는 젊은 층에서 많이 쓰고 노년층은 적게 쓰기 마련인데, 유튜브는 예외입니다.

01 유튜브가 사랑받는 이유

유튜브를 쓰다 보면 꼭 내 마음을 들여다보는 것 같다는 생각이 들 때가 있습니다. 사용자의 행동을 분석해서 꼭 맞는 영상을 추천해주는 알고리즘 덕분이죠. 내가 좋아하는 영상들을 추천해 진열해 주니 눌러보지 않고 배길 재간이 없습니다. 클릭은 또 다른 클릭을 유도하고, 유튜브에 머무는 시간이 길어집니다.

양질의 콘텐츠가 지속해서 공급되는 기반을 만들어 둔 것도 유튜브가 사랑받는 이유입니다. 유튜브는 영상을 서비스할 기반만 제공하고, 영상 콘텐츠는 사람들이 알아서 올립니다. 그렇다면 사람들이 자발적으로 영상 콘텐츠를 올릴 이유가 있어야 하는데, 바로 광고 수익이죠. 창작자는 일정 수준 이상의 조회 수를 확보한 영상에 광고를 붙일 수 있고, 수익은 영상 콘텐츠를 만든 창작자에게 돌아갑니다.

광고 수익 덕분에 더 좋은 콘텐츠가 계속 만들어지고, 더 좋은 콘텐츠는 더 많은 사용자를 모으고, 더 많은 사용자는 더 많은 광고 수익을 만듭니다. 이런 선순환 구조가 유튜브가 계속 성장하는 밑거름이 됩니다.

그렇지만 유튜브가 처음부터 잘 나갔던 건 아닙니다.

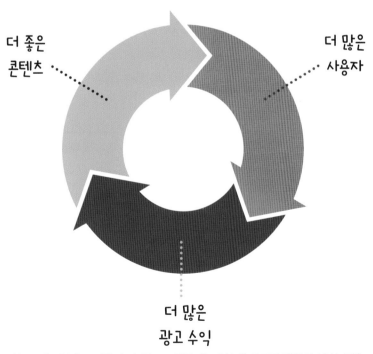

더 좋은
콘텐츠

더 많은
사용자

더 많은
광고 수익

〈유튜브는 콘텐츠, 사용자, 수익으로 이어지는 선순환 구조를 만들어 냈습니다.〉

02 '유튜버'가 등장하기까지

유튜브는 페이팔 직원이었던 채드 헐리, 스티브 첸, 자베드 카림이 설립해, 2005년 4월 23일 처음으로 서비스를 시작했습니다. 그로부터 약 1년 반 뒤인 2006년 10월에 구글이 유튜브를 인수합니다. 구글이 유튜브를 인수할 때, 업계에서는 사용자만 많고 수익이 없는 서비스는 결국 실패할 거라며 비웃었습니다.

영상 서비스를 하려면 돈이 많이 듭니다. 아주 빠른 컴퓨터가 많이 필요하기 때문입니다. 당시에는 일반인이 영상을 인터넷에 올리려면 서비스 회사에 돈을 내야 했습니다. 그런데 유튜브는 무료였죠. 사람들이 영상을 많이 올릴수록 비용은 계속 늘어납니다. 실제로 인수 후 4년 동안 유튜브는 5,000억 원이 넘는 어마어마한 적자를 기록했습니다.

그러나 사용자 수가 일정 수준을 넘어서자 그 효과는 눈덩이처럼 불어나기 시작했습니다. 처음에 저작권 문제로 유튜브와 소송을 벌였던 방송사, 영화사들이 입장을 바꿔서 유튜브에 영상을 자발적으로 올리기 시작했고, 많은 기업이 유튜브를 광고 채널로 활용하기 시작했습니다. 광고 수익이 늘어나자, 아예 유튜브를 직업으로 하는 사람들이 등장합니다. 바로 우리가 '유튜버'라고 부르는 사람들이죠.

2018년 초·중·고교 학생 희망 직업 상위 10위 현황

순위	초등학생	중학생	고등학생
1	운동선수	교사	교사
2	교사	경찰관	간호사
3	의사	의사	경찰관
4	조리사	운동선수	뷰티 디자이너
5	유튜버	조리사	군인
6	경찰관	뷰티 디자이너	건축가·건축 디자이너
7	법률전문가	군인	생명·자연 과학자 및 연구원
8	가수	공무원	컴퓨터 공학자, 소프트웨어 개발자
9	프로게이머	연주가, 작곡가	항공기 승무원
10	제과.제빵사	컴퓨터 공학자, 소프트웨어 개발자	공무원

자료:교육부

〈출처 : 교육부〉

2019년 유튜버는 초등학생들을 대상으로 한 장래 희망 순위에서 당당히 5위로 입성합니다. 2018년까지는 아예 순위 밖이었는데 말이죠. 유튜브가 이미 대세가 된 만큼, 이 장래 희망 순위도 상당 기간 유지하지 않을까요?!

03 '개인 영상 서비스'의 의미

예전에는 사람들이 정보를 얻을 수 있는 수단이 매우 제한적이었습니다. TV, 라디오, 신문, 잡지와 같은 미디어가 전부였다고 해도 과언이 아니죠. 만약 사람들을 자기 맘대로 다스리고 싶은 독재자가 있다면 미디어만 장악하면 됩니다. 독재자에게 유리한 정보만 사람들에게 전달하면 마음껏 자기를 미화할 수 있고, 심지어 나쁜 일을 하고도 쉽게 숨길 수 있습니다.

정보를 얻을 수 있는 수단이 제한적인 상황은 미디어에게도 좋습니다. 기업들이 제품과 서비스를 광고할 곳이 미디어밖에 없기 때문이죠. 미디어는 광고를 실어주는 대가로 큰 비용을 요구할 수 있습니다. 기업들은 광고비가 비싸도 어쩔 수 없이 비용을 지불합니다.

그런데 인터넷의 발달로 이 같은 기존 체계가 많이 흔들리고 있습니다. 특히 페이스북, 유튜브 등과 같은 소셜네트워크 서비스(SNS)가 발달하면서 누구나 개인 미디어를 갖게 됐습니다. 많은 구독자를 거느린 유튜버의 영향력은 웬만한 미디어 못지않습니다. '독재자들이 가장 무서워하는 것은 미사일이 아니라 인터넷'이라는 얘기가 괜히 나오는 게 아닙니다.

꼭 '유튜버'라는 이름이 아니더라도, '개인 영상 서비스'라는 직업은 미래에 주목받을 가능성이 높습니다. 우리는 점점 더 많은 콘텐츠를 생산하고, 소비하는 시대로 가고 있습니다. 영상 콘텐츠를 만드는 능력은 어쩌면 선택이 아니라 필수일지도 모릅니다.

04 콘텐츠 생산자의 무기, 스마트폰

유튜버는 결국 영상 콘텐츠를 만드는 사람입니다. 예전에는 영상 콘텐츠를 만들기가 매우 어려웠습니다. 영상을 촬영하려면 비싸고 무거운 카메라가 필요하고, 또 촬영한 영상을 편집하려면 성능이 뛰어난 컴퓨터가 있어야 했죠. 이 모든 걸 갖추려면 돈이 많이 드니, 일부 미디어에서만 영상을 만들었던 겁니다.

그런데 이를 획기적으로 바꾼 사건이 있었습니다. 바로 스마트폰의 등장입니다. 어디든 손쉽게 들고 다니며 인터넷에 접속할 수 있는 스마트폰의 영향력은 굳이 이야기할 필요가 없을 정도입니다. 게다가 스마트폰이 발달하면서 카메라 성능도 비약적으로 좋아졌고, 스마트폰에 최적화된 다양한 편집 도구도 등장했습니다.

초기에 스마트폰은 콘텐츠를 소비하기만 하고 생산하지는 못한다는 평가를 받았습니다. 스마트폰으로 긴 글을 쓰거나, 도표를 만드는 등의 작업은 한계가 있었죠. 고성능 컴퓨터가 필요한 영상 편집은 말할 것도 없습니다. 그런데 그것도 이제 옛말이 됐습니다. 이제 스마트폰 하나만 있으면 영상을 찍고, 편집하고, 유튜브에 올릴 수 있습니다. 그것도 아주 쉽게 말이죠.

이 책의 나머지 부분에서 하나씩 알아보려고 합니다. 천천히 따라와 보세요.

05 다시 돌아가서, 콘텐츠

영상을 올릴 곳(유튜브)도 마련됐고, 동영상을 만들 도구(스마트폰)도 마련됐는데, 무엇이 더 필요할까요? 어쩌면 더 근본적일 수 있는 것만 남았습니다. 바로 '콘텐츠'입니다.

콘텐츠는 영어 'content'의 복수형입니다. 사전에서 content는 '(어떤 것의) 속에 든 내용물'이라는 뜻입니다. 무슨 뜻인지 알 것 같기도 하고, 모를 것 같기도 하죠? 책(종이)을 콘텐츠를 담는 그릇이라고 비유한다면 '소설, 시, 수필' 등의 글이 콘텐츠입니다. 이처럼 콘텐츠란 여러 가지 그릇에 담긴 내용물을 뜻합니다. 우리는 TV 자체를 즐기는 게 아니라 TV 안에 담긴 드라마, 예능, 스포츠, 뉴스 등을 즐깁니다. 우리가 즐기는 실체가 바로 콘텐츠인 겁니다.

유튜버가 되고 싶다면, 콘텐츠를 만들 줄 알아야 합니다. 이건 기술의 발달로 해결할 수 있는 문제가 아닙니다. 먼저 내가 좋아하는 콘텐츠가 뭔지, 내가 잘 만들 수 있는 콘텐츠가 뭔지, 어떤 콘텐츠가 좋은 콘텐츠인지 등을 스스로 질문해 봐야 합니다. 아직은 미숙하지만 이런 고민이 쌓여서 좋은 콘텐츠가 만들어지는 거니까요.

마이크로소프트(MS)의 설립자인 빌 게이츠는 1996년 한 에세이에서 '콘텐츠가 왕이다(Content is King).'라고 주장했습니다. 그는 인터넷의 미래가 콘텐츠 시장이 될 것이라 예상했습니다. 이후 '콘텐츠가 왕이다.'라는 표현은 콘텐츠의 중요성을 언급할 때 항상 언급하는 유명한 문구가 됐습니다. 빌 게이츠가 이렇게 주장한 지 20년이 더 지난 지금, 콘텐츠는 정말로 왕이 됐을까요?

 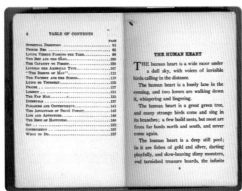

〈책(종이)이 그릇이라면, 여기에 쓰인 글이 콘텐츠입니다.〉

간단한 질문을 통해 몇 가지 생각해 볼까요?

06 ▶ 나의 '최애' 콘텐츠는?

먼저 내가 좋아하는 콘텐츠가 뭔지 생각해 봅시다. 좋아해야 잘 만들 수 있습니다. 내가 지금까지 즐겼던 콘텐츠 중에서 가장 좋아하는 콘텐츠가 뭔지 생각해서 적어 보세요. 분야는 영상물로 한정합니다. 내가 봤던 영화, 드라마, 예능, 다큐멘터리, 뮤직비디오 또는, 유튜브 영상 중에서 가장 마음에 들었던 콘텐츠는 무엇인가요?(내가 가장 여러 번 반복해서 봤던 콘텐츠를 생각해 보세요!) 또 내가 그 콘텐츠를 좋아하는 이유가 뭘까 생각해서 적어보세요.

💬 내가 가장 좋아하는 콘텐츠는 무엇인가요?

나의 '최애' 콘텐츠	

💬 내용을 설명해 주세요.

_____

_____

_____

_____

💬 내가 좋아하는 이유

_____

_____

_____

_____

07 ▶ 좋은 콘텐츠란?

두 번째로 좋은 콘텐츠가 뭔지 생각해 봅시다. 콘텐츠를 만드는 사람이라면 당연히 좋은 콘텐츠를 만들고 싶을 겁니다. 그럼 어떤 콘텐츠가 좋은 콘텐츠일까요? 사람마다 '좋다'는 말의 기준은 다를 수 있습니다. 어떤 사람은 재미있으면 좋다고 생각하고, 어떤 사람은 정보를 잘 전달해야 좋다고 생각합니다.

내가 만든 콘텐츠를 나 혼자 즐기는 것이 아니라 배포해서 다른 사람도 즐긴다고 생각하면 여러 사람의 평가가 '좋은 콘텐츠'의 기준이 될 수 있을 겁니다. 유튜브는 '조회 수, 좋아요, 공유' 등의 여러 가지 지표를 확인할 수 있는 장점이 있습니다.

아래 지표 중에서 '좋은 콘텐츠인가?'라는 질문에 대한 답이 될 수 있다고 생각하는 항목에 모두 표시하세요.

1. 조회 수가 많다	☐
2. '좋아요' 수가 많다	☐
3. '싫어요' 수가 적다	☐
4. 많이 공유됐다	☐
5. '나중에 볼 동영상'에 많이 저장됐다	☐
6. 댓글이 많다	☐
7. 댓글 중에서 호의적인 내용이 많다	☐
8. 채널 구독자 수가 많다	☐
9. 재미있다	☐
10. 정보가 도움이 된다	☐
11. 주장하는 내용이 설득력이 있다	☐
12. 영상미가 훌륭하다	☐
13. 스토리가 훌륭하다	☐
14. 다음번 영상이 기대된다	☐
15. 또 볼만한 가치가 있다	☐

위의 지표 중에서 1~8번은 유튜브 관리자 페이지에서 숫자로 확인할 수 있습니다. 반면에 9~15번은 숫자로 측정하기는 다소 어렵고, 설문조사 등을 통해서 간접적으로 확인할 수 있습니다. '좋은 콘텐츠란 무엇인가?'라는 질문은 앞으로 계속 스스로 물어봐야 할 중요한 질문입니다.

02

어떤 크리에이터가 되고 싶니?

이번 단원에서는

1. 유튜브 크리에이터가 되기 위해 필요한 앱을 설치하고 둘러봐요.
2. 유명 유튜브 채널을 보면서 내가 하고 싶은 주제를 정해요.
3. 내 채널을 직접 만들어봐요.

유튜브 세상에는 많은 크리에이터가 활동하고 있습니다. 연예인만큼 유명한 크리에이터도 있고, 이 책을 읽는 여러분들처럼 이제 막 시작하는 크리에이터도 있습니다. 내 목표가 크리에이터라면 지금 이 일을 하는 사람들을 찾아 탐색하는 것이 첫걸음입니다.

필요한 앱 설치하기

먼저 스마트폰에 필요한 앱을 설치합시다. 아래의 네 가지 앱을 설치합니다. 이들 중 유튜브와 카메라는 이미 스마트폰에 설치돼 있을 가능성이 큽니다. 만약 없다면 Play 스토어(안드로이드폰) 또는 App Store(아이폰)에서 찾아 설치하세요. 검색 창에 앱의 이름을 검색하면 됩니다. 앱 설치가 어려우면 다른 사람의 도움을 받으세요.

App Store(🅐) 또는, Play 스토어(▶)에서 아래 앱을 찾아 설치하세요,

앱	설명
▶ YouTube	유튜브 사이트를 스마트폰에서 즐기게 해주는 앱입니다. 검색 창에 단어를 입력해 원하는 영상을 찾아 시청할 수 있습니다. 또한, 내 채널을 만들고, 영상을 업로드하고, 댓글을 다는 활동도 할 수 있습니다.
⬤ 카메라	사진과 영상을 촬영할 수 있습니다. 스마트폰에 기본적으로 설치돼 있습니다.
Ⓚ 키네마스터	영상 편집 앱. 영상 자르기, 영상 붙이기와 같은 편집 기능과 배경 음악, 효과음, 자막, 스티커 등 다양한 기능을 제공합니다. 무료 버전으로도 대부분의 기능을 사용할 수 있습니다.
⚙ YouTube Studio	최신 통계 데이터 확인, 미리 보기 이미지 업로드하기, 영상 업로드 예약하기 등 유튜브 앱에서 할 수 없는 다양한 채널 관리 기능을 제공합니다. 빠르고 쉽게 채널을 관리할 수 있게 돕는 유용한 앱입니다.

유튜브 앱으로 내가 보고 싶은 영상 찾기

먼저 유튜브 앱을 실행해 봅시다. 유튜브 앱은 사용자의 행동을 알고리즘으로 분석해서 사용자가 좋아할 만한 영상을 메인 화면에 보여줍니다.

01 메인 화면에서 보이는 동영상을 보거나, 오른쪽 위에 있는 [돋보기] 아이콘을 터치하여 검색해도 됩니다.

02 [돋보기] 아이콘을 터치하면 아래와 같이 검색 창이 나타나고, 검색 창에 내가 보고 싶은 영상의 단어 또는, 크리에이터의 이름을 입력하면 됩니다.

03 유명 유튜브 크리에이터 채널을 만나자

유튜브에는 다양한 분야가 있고, 분야별로 인기 있는 크리에이터와 채널이 있습니다. 이 중에서 구독자 수가 많고, 영상 조회 수가 많은 유명 채널을 살펴봅시다. 분명 그 채널에 특별한 매력이 있어서 많은 사람이 좋아하겠죠. 이들 채널에서 본받을 만한 점을 찾아봅시다. 앞으로 내가 운영할 채널에 적용할 만한 내용이 있을 겁니다.

▶ 동물 채널

◉ 크림 히어로즈

7마리의 고양이와 집사의 일상을 담은 채널입니다. 귀여운 고양이들이 방안을 걸어 다니는 모습을 많이 볼 수 있습니다. 집사가 고양이들과 노는 영상, 고양이 간식을 만드는 영상이 주로 업로드되고 있습니다.

◉ 시바견 곰이탱이여우

시바견 3마리 곰이, 탱이, 여우와 집사 부부의 일상 및 여행을 담은 채널입니다. 강아지들의 재미나고 귀여운 모습을 만날 수 있습니다. 거의 매일 영상을 업로드하고 라이브 방송도 정기적으로 하면서 꾸준히 구독자를 모으고 있습니다.

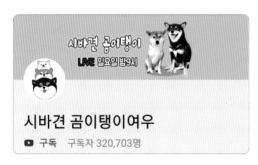

◉ 김메주와 고양이들

4마리의 고양이 먼지, 봉지, 휴지, 요지와 집사 부부의 일상을 담은 채널입니다. 복닥복닥하면서도 잔잔한 분위기의 영상을 볼 수 있습니다. 통통 튀는 고양이 4마리의 매력과 집사 부부와의 '케미'가 매력적입니다.

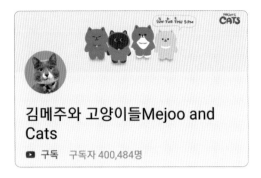

▶ 일상 채널

◉ 예씨

자매가 일상, 먹방, 리뷰, 몰카 등의 콘텐츠를 올리는 채널입니다. 언니 리니 님과 동생 지니 님이 영상에 함께 등장합니다. 유명 콘텐츠로는 정해진 데시벨 규범을 벗어나면 그 음식을 못 먹는 '데시벨 챌린지'가 있습니다.

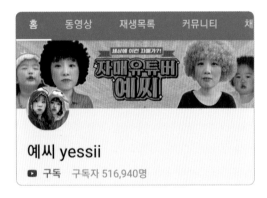

◉ 공대생 변승주

주로 병맛 느낌의 일상, 실험, 몰카 등을 올리는 채널입니다. 동영상 대부분이 일반인은 웬만하면 하지 않을 이상한 시도입니다. 매번 색다른 볼거리를 보여주기 위해 노력하는 유튜버입니다. 따라하기 금지!

◔ 박막례 할머니

73세 박막례 할머니의 일상을 담은 채널입니다. 주로 여행 영상을 업로드하고 뷰티, 먹방, 감상, 요리, 패러디 등의 다양한 소재를 다루고 있습니다. 모든 영상에서 박막례 할머니 특유의 구수한 말솜씨로 친근감이 느껴집니다.

▶ 게임 채널

◔ 대도서관 TV

게임 방송을 전문으로 하는 스트리머로서 생방송 영상을 편집해서 유튜브 채널에 업로드하고 있습니다. 한국 인터넷 개인 방송 시장을 개척, 발전시킨 1인 미디어계의 선구자입니다. 오랫동안 쌓아온 인지도를 바탕으로 TV 방송에도 종종 등장하고 있습니다.

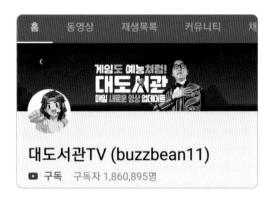

◉ 도티 TV

마인크래프트 관련 콘텐츠를 다루는 게임 채널입니다. 대한민국 게임 크리에이터 최초로 구독자 200만 명을 달성한 초통령 유튜버라고 할 수 있습니다. 10대 초중반 학생들을 겨냥한 방송으로 마인크래프트 게임 안에서 다른 크리에이터들과 함께하는 상황극을 통해 재미를 줍니다.

◉ 양띵 유튜브

마인크래프트와 다양한 인터넷 게임을 다루는 채널입니다. 시청자 참여형 대형 콘텐츠로 인기를 끌게 된 게임 유튜버입니다. 시청자 중 일부를 초대해서 함께 마인크래프트 탈출 맵을 하는 등 다양한 콘텐츠를 시청자와 함께 만듭니다. 소통을 중요시하는 인터넷 세대의 마음을 사로잡은 비결이라고 할 수 있습니다.

▶ 먹방 채널

먹방은 '먹는 방송'의 줄임말입니다. 먹방이 인기를 끌면서 미국에서도 먹는 방송을 'eating show'라고 부르지 않고, 우리나라 발음대로 'mukbang'이라는 단어를 쓴다고 하죠. 영상 내내 크리에이터가 음식을 먹으면서 중간중간 시청자와 대화하고 소통하는 콘텐츠입니다.

▶ ASMR 채널

ASMR은 '정신적인 안정감을 가져다주는 소리'라는 뜻입니다. 쉽게 말하자면 일상소음, 백색소음을 말합니다. 주로 천천히 편안하게 음식을 먹는 소리를 들려주거나 바스락거리는 소리가 나는 사탕, 젤리, 튀긴 음식 등을 먹는 영상이 많습니다.

〈나름 TV〉

〈JaeYeol ASMR〉

〈엠브로〉

〈ASMR Suna 꿀꿀선아〉

〈떵개떵〉

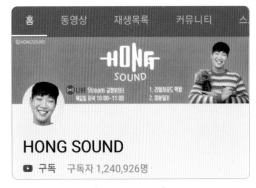

〈HONG SOUND〉

내가 좋아하는 채널 분석하기

찾아본 다양한 유튜브 채널 중에서 어떤 채널이 가장 마음에 드나요? 어떤 점을 배울 수 있는지 생각해서 적어 봅시다. 이때 주의할 점은 시청자의 시선이 아니라, 크리에이터의 시선으로 봐야 한다는 겁니다. 내가 앞으로 영상을 만들고 유튜브에 올린다고 생각했을 때를 상상하며 기록해 보세요.

탐색하면서 가장 마음에 들었던 채널의 이름과 콘텐츠는 무엇인가요?

채널 이름	콘텐츠 제목

콘텐츠의 내용을 간단히 설명해 보세요.

이 콘텐츠가 마음에 드는 이유를 가능하면 자세하게 써보세요.

영상의 분위기는 어떤가요?

채널에 대한 질문입니다. 이 채널에 초기에 올라온 영상과 최근 영상을 비교할 때 어떤 변화가 있나요?

_____

_____

_____

_____

같은 분야의 다른 채널과 차별점이 있다면 뭘까요?

_____

_____

_____

_____

시청자와 어떤 방식으로 소통하나요?

_____

_____

_____

_____

만약 내가 이 콘텐츠를 만든다면 어떤 점을 추가하고 싶은가요?

_____

_____

_____

_____

▶ 05 내 유튜브 채널의 소재는?

이제 다른 사람들이 어떤 채널을 운영하고 있는지 충분히 분석해봤으니 내가 어떤 유튜브 채널을 만들면 좋을지 고민해 봅시다. 한 마디로 내 채널의 성격과 주제를 정하는 겁니다. 나중에 바꿀 수 있으니 처음부터 완벽하게 하려는 부담은 갖지 않아도 됩니다. 아래 질문들에 하나씩 답하면서 내가 만들고 싶은 채널이 뭔지 정해 봅시다.

Q 1. 내가 자주 접하고 있는 소재인가요?

유튜브 채널은 영상 한두 개 올린다고 바로 구독자가 늘어나지 않습니다. 지속해서 업로드해야 하므로 내가 자주 접할 수 있는 소재를 선택하는 것이 중요합니다. 예를 들어, 내가 여행을 좋아해서 여행 채널을 만들고 싶지만 1년에 한두 번 여행한다면 콘텐츠를 계속 올리기 힘들겠죠? 그러니 내가 자주 접하는 소재를 선택하세요. 게임을 좋아하고 매일 하고 있나요? 먹는 걸 좋아하나요? 반려동물을 키우고 있거나 동물을 자주 접하는 환경에 있나요? 이 외에도 내가 자주 접하는 소재를 찾아보세요.

Q 2. 사람들이 관심을 보이는 소재 + 내 관심사인가요?

유튜브 운영에는 많은 시간과 노력이 들기에 조회 수, 구독자 수가 많이 올라가길 바라는 게 당연합니다. 아무래도 많은 사람이 관심을 갖는 소재로 콘텐츠를 만들면 구독자를 모으기 수월할 겁니다. 하지만 사람들이 좋아한다고 해서 내가 좋아하지 않는 소재를 선택할 수는 없습니다. 그런 소재라면 만들다가 분명 재미없어서 포기하게 됩니다. 내가 잘할 수 있는 소재들을 나열하고, 그중에서 가장 사람들이 좋아하고 관심 있을 만한 소재를 선택하는 것을 추천합니다.

Q 3. 나만의 매력을 담을 수 있는 소재인가요?

내가 가장 잘할 수 있는 것이 무엇인지 한번 생각해 보세요. 말을 재미있게 한다거나, 게임에 자신이 있다거나, 사람들의 공감을 불러일으킬 수 있다거나, 음식을 엄청 맛있게 먹을 수 있다거나 등 내세울 수 있는 장점을 찾아봅시다. 이미 유튜브에는 매일 수만 개의 영상이 업로드되고 있습니다. 수많은 영상 중에 나만의 매력이 있어야 시청자를 사로잡을 수 있습니다. 나만의 독창적인 콘텐츠를 만들기 위해 꾸준히 노력해야만 합니다.

스스로 생각해본 소재와 채널의 콘셉트를 정리해 봅시다.

소재	채널 콘셉트
고양이, 일상	함께 사는 고양이와의 소소한 일상 시청자들에게 공감과 위로를 주는 콘텐츠

⭐ **TIP** **유튜브에서 제한하는 콘텐츠**

유튜브는 부적절한 영상을 강력하게 규제하고 있습니다. 이를 위반할 경우 광고가 붙지 않거나 영상이 삭제되거나 채널이 삭제될 수도 있으니 주의해야 합니다.

⚠ 과도한 노출 및 성적인 콘텐츠

⚠ 유해하거나 위험한 콘텐츠

⚠ 증오성 콘텐츠

⚠ 폭력적이거나 노골적인 콘텐츠

⚠ 괴롭힘/사이버 괴롭힘

⚠ 스팸, 오해를 불러일으킬 수 있는 메타데이터 및 사기

⚠ 저작권 위반, 개인정보를 침해하는 콘텐츠

⚠ 타인의 이익을 침해하거나 위협하는 콘텐츠

06 내 채널 이름 정하기

채널의 소재와 콘셉트를 정했으니 채널 이름을 정할 차례입니다. 채널 이름은 크리에이터를 대표하는 이름이지만 그렇게 거창할 필요는 없습니다. 아마 유튜브 채널을 찾아보면서 굉장히 친근하고 단순한 채널 이름을 많이 보았을 겁니다. 단순할수록 채널의 콘셉트가 명확하게 전달됩니다. 내 채널의 콘셉트를 표현할수 있을 만한 이름을 만들어 보세요.

단어 + 단어	모카밀크 크림 히어로즈 영알남(영어 알려주는 남자)
내 이름, 별명 활용하기	김메주네 고양이들 잠뜰(잠이 많다+슬기) 허팝(허+힙합) 헤이지니, 럭키강이

단어와 단어를 조합하거나 내 이름을 활용하는 방법이 가장 대표적입니다. 별명이 있다면 별명을 사용하는 것도 좋습니다. 또 다른 방법은 채널의 소재와 콘셉트를 알 수 있는 단어를 넣는 겁니다. 내가 사용하려는 채널 이름을 이미 사용하는 사람이 있을 수도 있으니 꼭 유튜브에 검색해서 확인해봐야 합니다.

⭐ **Tip 채널 이름 바꾸기** ···

채널 이름은 90일 단위로 최대 3번 변경할 수 있습니다. 수정할 기회가 있으니 처음부터 완벽한 채널명을 정하지 않아도 되지만, 계속 바꿀 수는 없으니 염두에 둬야 합니다.

스마트폰으로 유튜브 채널 만들기

이제 스마트폰으로 내 채널을 만들어 봅시다. 다소 복잡해 보일 수 있지만, 하나씩 따라하면 어렵지 않습니다. 단, 채널을 만들려면 정식 구글 계정이 필요합니다(패밀리링크로 만든 계정은 사용 불가). 구글은 만 14세 이상에게만 유튜브 채널을 만들 수 있는 권한을 부여합니다. 따라서 어떤 독자의 경우는 부모님의 계정을 빌려야 할 수 있습니다.

01 구글 계정에 로그인 후 스마트폰에 설치한 유튜브 앱을 터치해서 메인 화면으로 들어갑니다.

02 메인 화면 오른쪽 위에 있는 아이콘을 터치하면 내 계정 화면으로 들어갈 수 있습니다. 계정 화면에서 [내 채널]을 터치합니다.

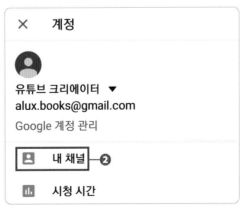

03 계정에 등록된 성, 이름이 입력돼 있을 겁니다. 오른쪽 하단의 [채널 만들기]를 터치하면 내 채널을 만들 수 있습니다.

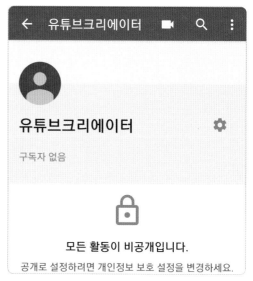

04 이제 채널 이름을 내가 원하는 이름으로 바꾸고 채널 아이콘을 넣어 봅시다. 다시 내 계정 화면으로 돌아가서 [Google 계정 관리]를 터치해서 내 구글 계정 화면으로 들어갑니다. [개인정보]의 이름 부분을 터치합니다.

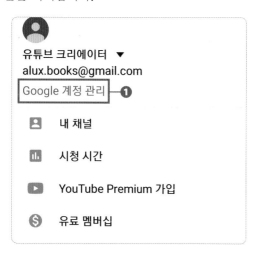

05 여기에서 '성' 부분은 비워두고 '이름'에 원하는 채널 이름을 입력하면 내 채널 이름을 설정할 수 있습니다.

내 채널 아이콘 설정하기

채널 이름 옆에 조그맣고 동그란 이미지가 있죠? 그걸 '채널 아이콘'이라고 부릅니다. 지금은 그냥 재미없는 이미지가 올라가 있을 겁니다. 채널을 꾸미는 데 필수적인 요소이니, 채널에 어울리는 채널 아이콘을 만들어 넣어 봅시다.

'예씨', '공대생 변승주', '박막례 할머니'처럼 본인의 매력을 나타내는 얼굴을 사용합니다. 동물 채널의 경우 내 영상에 등장하는 동물의 사진을 자주 사용합니다. 게임 채널의 '대도서관', '도티', '양띵'처럼 그림이나 캐릭터를 쓰는 경우도 있습니다. 내 채널에 어울리는 채널 아이콘을 설정해 봅시다.

01 지금 카메라로 자신의 얼굴, 또는 주변에 어울리는 소품 등 채널 아이콘으로 쓸만한 사진을 찍어 봅시다.

02 사진을 찍었나요? 그럼 이제부터 업로드 해봅시다. 다시 내 Google 계정 화면으로 돌아가서 카메라 아이콘이 있는 부분을 터치합니다. 그러면 바로 사진을 업로드할 수 있는 창이 나타납니다. 여기에서 [사진 업로드]를 터치합니다.

 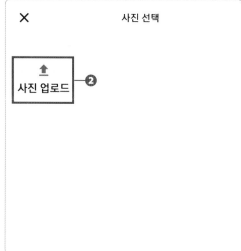

03 그럼 파일을 선택하라는 새 창이 나옵니다. 여기서 [카메라]를 선택하면 바로 촬영해서 업로드 할 수 있고 [파일]을 터치하면 미리 찍어놓은 사진을 찾아 업로드할 수 있습니다. 우리는 앞서 미니 활동으로 찍어놓은 사진이 있으니 [파일]을 터치합니다.

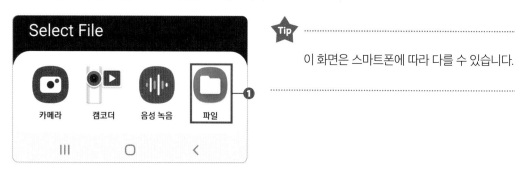

Tip ···

이 화면은 스마트폰에 따라 다를 수 있습니다.

···

04 그러면 내 스마트폰의 사진이 시간 순서대로 보입니다. 내가 원하는 사진을 찾아 선택하세요.

05 원하는 이미지를 골라 업로드하고 사진에서 정사각형 모양으로 원하는 부분을 설정합니다. 꼭 사진 전체를 사용할 필요는 없습니다. 본인의 개성을 잘 나타내고 가장 마음에 드는 부분만 골라서 채널 아이콘으로 등록할 수 있습니다. 설정을 다 했으면 [완료]를 터치합니다.

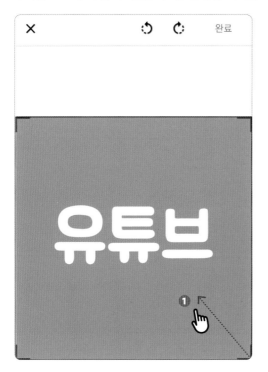

06 채널 아이콘이 바뀐 걸 확인해 보세요. 채널 아이콘은 언제든 바꿀 수 있으니 더 적합한 사진이 있다면 바꿔도 됩니다.

09 내 채널 설명 입력하기

이제 마지막입니다. 채널 설명에 채널에 대한 간단한 설명을 기록합시다. 예를 들어, '고양이와의 소소한 일상을 공유하는 콘텐츠를 올립니다.', '재미있는 마인크래프트 게임 콘텐츠를 만듭니다.', '쉽게 요리하는 노하우를 공유하는 채널입니다.' 등의 간략한 문구면 됩니다. 이전에 정한 채널 콘셉트를 자연스럽게 적으면 됩니다. 채널 설명은 100자 이내로 자유롭게 작성할 수 있고 언제든 편하게 수정할 수 있습니다.

01 내 채널 화면으로 들어가서 채널 이름 옆의 [톱니바퀴] 아이콘을 터치합니다. 그럼 '설명 추가' 라는 부분이 나타납니다. '설명 추가' 옆의 [연필 모양] 아이콘을 터치합니다.

02 새 창에 내 채널 설명을 자유롭게 입력하면 됩니다. 처음 내 채널을 방문한 사람들이 쉽게 알 수 있고 흥미를 느낄 수 있는 문구를 적어보세요.

이렇게 내 채널이 만들어졌습니다. 시작이 반이라는 말이 있죠. 크리에이터가 되기 위한 시작은 바로 내 채널을 만드는 겁니다. 나머지 반은 이제 여러분이 만들 콘텐츠입니다. 다음 장부터 본격적으로 영상 만드는 법을 배우고 나만의 콘텐츠를 만들게 됩니다. 꾸준히 좋은 콘텐츠를 올려서 내 채널을 키워봅시다!

PC로 도전!

① 내 채널에 들어가면 지금은 회색으로 채워져 있는 바탕화면이 보일 텐데요. 여기에 예쁜 이미지를 넣을 수 있습니다. 여기를 '채널 아트'라고 부릅니다. 안타깝게도 채널 아트 넣기 기능은 모바일에서 지원되지 않고, PC로만 가능합니다. 유튜브 웹사이트로 채널 아트 등록하는 방법을 알아봅시다.

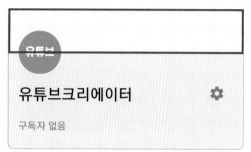

② PC를 켜고 유튜브 웹사이트에 들어가서 로그인을 합니다.

❸ 그럼 오른쪽 위의 아이콘이 보일 겁니다. 그 채널 아이콘을 클릭하면 여러 항목이 보이는 데요. 그 중 [내 채널]을 클릭합니다.

 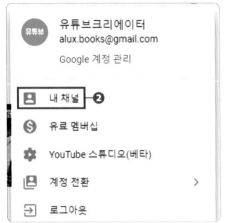

❹ 내 유튜브 채널로 들어왔습니다. 이 화면에서 [채널 맞춤설정]을 클릭합니다.

⑤ 내 유튜브 채널 메인을 수정할 수 있는 화면입니다. 여기서 [채널 아트 추가]를 클릭합니다.

⑥ 스마트폰으로 채널 아이콘을 업로드했을 때와 비슷하게 사진을 업로드하고 채널 아트로 사용하고 싶은 부분을 설정해서 선택하면 됩니다.

03

내가 찍은 사진으로
영상 만들기

이번 단원에서는

1. 촬영에 필요한 여러 도구를 알아봐요.
2. 스마트폰의 카메라로 사진을 찍어요.
3. 편집 앱을 활용해서 사진으로 동영상을 만들어요.

앞서 우리는 어떤 콘텐츠를 만들지 고민해서 '내 채널'을 만들었습니다. 그렇다면 이제 콘텐츠를 직접 만들어 봐야겠죠? 콘텐츠를 만들기 위해서 비싼 촬영 장비와 영상 편집 프로그램이 있어야 하는 건 아닙니다. 스마트폰과 무료 편집 앱으로도 충분히 멋진 영상을 만들 수 있습니다.

01 미리 준비해야 할 것

▶ 스마트폰

스마트폰 카메라의 성능은 나날이 좋아지고 있습니다. 전용 장비를 쓰지 않고 스마트폰 카메라만으로도 우리가 원하는 품질의 영상을 얻을 수 있습니다. 2011년 박찬욱 감독은 전 장면을 아이폰4로만 촬영한 '파란만장'이라는 영화를 개봉했습니다. 아이폰 카메라의 우수성을 홍보하기 위한 일종의 이벤트였지만, 스마트폰 카메라로 영화와 같은 고품질 영상을 얻을 수 있음을 증명했습니다. 당시 스마트폰 카메라의 성능으로도 영화 촬영이 가능했고, 카메라 성능이 훨씬 좋아진 요즘 스마트폰으로는 당연히 가능합니다.

〈영화 파란만장의 포스터(좌)와 아이폰 사용 장면(우)〉
〈출처 : 영화 '파란만장' 메이킹 필름〉

스마트폰의 가장 좋은 장점은 매일 들고 다니기 때문에 언제 어디서든 주머니에서 꺼내어 바로 영상 촬영을 할 수 있다는 편리함입니다. 또한, 카메라 앱도 발전해서 슬로우 모션, 타임랩스와 같은 부가 기능을 사용할 수 있어 더욱더 멋진 영상을 찍을 수 있습니다.

＊**슬로우 모션** : 느린 동작을 만들어내는 기법. 예를 들어, 1초에 120장의 이미지를 촬영한 다음, 1초에 60장의 이미지를 재생하면 천천히 움직이는 것처럼 보입니다. 주로 스포츠 영상에서 특정 장면을 자세히 보기 위한 용도로 많이 쓰입니다.

＊**타임 랩스** : 빠른 동작을 만들어내는 기법. 예를 들어, 1시간에 1장씩 한 달 동안 찍었다가 1초에 60장의 이미지를 재생하면 빨리 움직이는 것처럼 보입니다. 주로 꽃이 피는 장면, 별자리의 이동 등 오랜 시간이 걸리는 장면을 단기간에 보기 위한 용도로 많이 쓰입니다.

간단한 장비로 각자 개성을 담아 영상을 만드는 것이야말로 '1인 미디어'의 매력입니다. 유명 유튜브 크리에이터 중에도 스마트폰만으로 영상을 촬영하는 사람이 많습니다. 또 유튜브 영상은 스마트폰에서 시청할 경우가 많아서 영상의 품질보다 등장인물과 내용이 더 중요한 요소로 작용하는 편입니다.

▶ 셀카봉과 삼각대

유튜브 크리에이터는 진행자 역할과 촬영자 역할을 혼자서 다 해야 할 때가 많습니다. 이때 유용한 도구가 바로 셀카봉과 삼각대입니다. 셀카봉은 진행자가 움직이면서 촬영할 때 유용하고, 삼각대는 책상 앞에 앉아서 실험하거나 설명할 때 많이 쓰입니다. 전문가용 고급 거치대가 아니어도 됩니다. 간편하게 들고 다닐 수 있는 미니 삼각대나 셀카봉으로도 충분합니다.

〈셀카봉〉

〈삼각대〉

전문가들은 어떤 장비를 쓸까?

처음에는 스마트폰 카메라로 충분하지만, 전문가들은 어떤 장비를 사용하는지 알면 나중에 더 좋은 영상을 찍고 싶을 때 활용할 수 있습니다.

* **DSLR 카메라** : 전문가들이 가장 많이 사용하는 촬영 장비입니다. 사진을 감지하는 센서가 커서 고품질의 사진과 동영상을 얻습니다. 상황별로 다양한 렌즈를 사용할 수 있는 것도 장점이죠. 다만 가격이 비싸고 덩치가 커서, 구매하는 데 부담이 있습니다.

* **미러리스 카메라** : 거울이 없는 카메라라는 뜻입니다. DSLR에는 달린 미러를 제거해서 무게와 부피를 줄였다고 생각하면 됩니다. 최근 나온 미러리스는 DSLR 못지않은 성능을 자랑합니다.

* **캠코더** : 영상에 특화된 장비입니다. 사진 촬영이 불가능한 대신, 영상 품질과 마이크 성능이 뛰어나고 녹화 가능 시간도 깁니다. 실험이나 관찰과 같이 촬영을 길게 하는 콘텐츠의 경우 추천합니다.

* **액션캠** : 초소형 캠코더입니다. 카메라나 캠코더보다 훨씬 가볍고 신체나 장비에 부착할 수 있다는 장점이 있습니다. 움직임이 많고 활동적인 콘텐츠를 촬영할 때 좋습니다.

* **웹캠** : 컴퓨터 모니터에 설치해서 사용하는 소형 카메라입니다. 기본적으로 노트북이나 컴퓨터 모니터에 내장되어 있지만, 웹캠을 추가로 사용하면 더 좋은 품질의 영상을 얻을 수 있습니다. 이동 없이 컴퓨터 앞에 앉아서 하는 콘텐츠를 촬영할 때 추천합니다.

▶ 영상 편집 앱 설치하기

불과 얼마 전까지만 해도 영상 편집은 고성능 컴퓨터에서 해야 했습니다. 스마트폰의 성능이 좋아지고, 간편하게 사용할 수 있는 전용 앱이 등장하면서 스마트폰 안에서 편집이 가능해졌습니다. 영상 편집 앱을 활용하면 스마트폰으로 촬영한 영상을 컴퓨터로 옮기지 않고 바로 편집을 할 수 있어 편리합니다. 또 만든 영상을 곧바로 유튜브에 올릴 수도 있죠.

키네마스터(KineMaster)는 현재 스마트폰으로 영상을 찍고 편집하는 크리에이터들이 가장 많이 사용하는 앱입니다. 구글 Play 스토어나 애플의 App Store에서 '키네마스터'라고 검색해서 앱을 설치합시다.

키네마스터는 무료 버전을 기준으로 가장 많은 기능을 제공합니다. 사진 및 영상을 가져온 다음, 배경 음악과 효과음을 넣을 수 있습니다. 다양한 애니메이션 효과, 장면 전환 효과, 자막 입력, 특수 효과 등의 다양한 기능들을 쉽게 이용할 수 있습니다. 앞으로 편집 앱에서 제공하는 기능을 차근차근 배워서 나만의 영상을 만들어 봅시다.

무료 버전으로도 대부분 기능을 쓸 수 있지만, 완성한 영상의 우측 상단에 '키네마스터 워터마크'가 표시됩니다. 워터마크를 없애고 싶다면 유료 버전을 구매해야 합니다. 유료 버전 이용 금액은 월 6천 원입니다.

스마트폰에 편집 앱까지 설치했다면 이제 준비는 끝났습니다. 이제 스마트폰을 들어 촬영, 편집을 시작합시다.

02 다른 스마트폰 영상 편집 앱은 없을까?

▶ 블로(VLLO)

키네마스터와 비슷하게 영상 편집에 필요한 기본적인 기능들을 제공합니다. 키네마스터에 비해서 기능이 적지만, 아기자기하고 감성적인 템플릿이 많습니다. 만약 일상을 담은 간단한 영상을 만들 계획이라면 블로를 추천합니다.

키네마스터와 비슷하게 무료 버전도 대부분 기능이 제공되지만, 워터마크가 표시됩니다. 유료 버전을 구입하면 워터마크를 없앨 수 있고 몇몇 추가기능이 제공됩니다. 6,900원의 유료 버전을 구매하고 나면 더는 비용이 들지 않습니다. 추가 기능 없이 워터마크만 없애고 싶으면 1,500원이 필요합니다.

▶ 인샷(InShot), 비바비디오(VivaVideo)

영상 편집 후 터치 한 번으로 유튜브에 업로드할 수 있는 편리한 기능을 제공합니다.

▶ 틱톡

재미있고 독특한 짧은 영상을 만들고 업로드할 수 있는 플랫폼 앱입니다. 스티커, 필터, 배경 음악, 목소리 더빙, 립싱크 등 여러 편집 기능과 다양한 촬영 기법을 제공하고 있어서 공간의 제약을 뛰어넘은 신기한 영상을 만들 수도 있습니다. 다양한 크리에이터(일명 틱톡커)들이 '꿀잼 영상'을 업로드하고 있습니다.

03 ▶ 멋진 사진 찍기

영상 촬영은 왠지 부담스럽지만, 사진 촬영은 친숙합니다. 사진을 찍어 본 경험은 누구든 한두 번씩 있을 테니까요. 사진을 이어붙이기만 해도 멋진 영상이 만들어집니다. 이미 찍은 사진을 사용해도 좋고, 새롭게 사진을 찍어도 좋습니다. 사진으로 나만의 이야기를 담은 영상 콘텐츠를 만들어 봅시다.

▶ 무엇을 찍을까요?

사진으로 영상을 만들 때 일관된 주제가 있으면 좋습니다. 예를 들어, 요즘에는 결혼식 도중에 신랑과 신부의 사진을 이어붙인 영상을 틀어줄 때가 많습니다. 여기에서 신랑 신부라는 일관된 주제가 있으니 영상으로 만들어도 어색하지 않죠.

어떤 주제의 사진을 찍을까요? 너무 멀거나 특정 장소에 가야만 촬영할 수 있는 주제 대신 내 주변에서 쉽게 찍을 수 있는 주제로 정해 보세요. 예를 들어, 내 친구들, 내 교실, 내 가족, 내가 좋아하는 장난감 등의 주제이면 좋겠죠. 주제에 맞춰 10~30장 정도를 찍읍시다.

찍고 싶은 주제	

▶ 사진 촬영할 때 주의할 점

① 가로 모드로 찍자

〈가로 모드〉

〈세로 모드〉

영화, TV, 유튜브 영상을 보면 대부분 가로인 걸 알 수 있습니다. 최근에는 세로로 찍은 영상도 있지만 아직은 가로가 대세입니다. 세로로 찍은 사진을 가로 창 안에 넣으면 양옆이 비어 보이게 됩니다. 따라서 영상에 쓸 사진은 가급적 가로로 찍기를 바랍니다.

② 안내선 기능을 활용해 수평을 맞추자
사진의 수평, 수직을 맞추면 훨씬 멋진 사진을 찍을 수 있습니다. 수평, 수직을 맞춘 사진과 그렇지 않은 사진을 비교하면, 맞춘 사진이 훨씬 안정감 있고 잘 찍은 사진처럼 보입니다. 아래의 사진 중에 어떤 사진이 잘 찍은 사진처럼 보이나요?

〈수직/수평을 맞추지 않은 사진〉　　　　　　　　　　〈수직/수평을 맞춘 사진〉

사진의 수평, 수직을 맞출 때 카메라 앱의 도움을 받으면 좋습니다. 대부분 카메라 앱에는 수직/수평 안내선 기능이 있습니다. 카메라 앱의 설정에 들어가서 '수직/수평 안내선'(카메라 앱마다 명칭은 다릅니다)을 찾고, 3x3 정사각형으로 설정합니다.

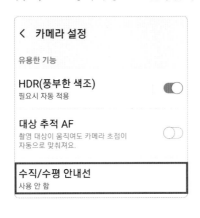

이렇게 화면에 격자가 표시되니 수평, 수직을 맞추기가 훨씬 쉬워졌죠?

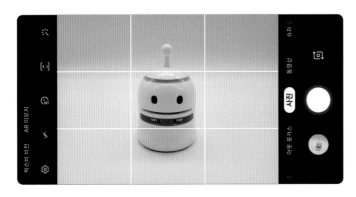

③ 어두운 곳에서 찍을 때는 밝기 조절

사진을 찍을 때 빛은 매우 중요합니다. 예를 들어, 태양을 등지고 찍으면 밝은 사진을 찍을 수 있겠죠? 그렇지만 상황에 따라 어두운 곳에서 사진을 찍어야 할 수 있습니다. 이때 별도의 조명을 사용하거나 플래시를 켤 수도 있지만, 카메라의 밝기를 조절하는 것만으로도 충분합니다.

보통 카메라 앱에서 + ───────── 모양의 메뉴가 있습니다. 내 카메라 앱에서 해당 기능을 찾아보세요. 똑같은 피사체를 밝기를 달리해 찍어보면 차이를 느낄 수 있습니다. 어두운 곳에서는 밝기 기능을 꼭 사용해 보세요.

〈밝기를 다르게 설정해서 찍은 사진. 가장 적합한 밝기를 찾는 것이 요령입니다.〉

④ 필터를 써보자

스마트폰 카메라 앱은 다양한 필터 기능을 제공합니다. 카메라마다 메뉴 위치는 다양한데요. 내 카메라 앱에서 해당 메뉴를 찾아보세요. 마법사봉(✳) 모양이거나, 동그란 원 세 개가 겹쳐있기도 합니다. 필터를 선택하면 '흑백', '부드러운', '빈티지' 등의 선택 버튼이 나타납니다. 필터 하나 씌운 것만으로 사진의 분위기가 확 바뀝니다. 한번 사용해 보세요.

⑤ 아웃포커스 사진을 찍어보자

초점을 맞출 피사체와의 거리를 50cm 이내로 유지하세요. 사진을 촬영하려면 화면에서 피사체를 누른 후, 카메라 버튼을 누르세요.

아웃포커스는 찍고 싶은 물건이나 사람은 선명하게 나타나고 그 밖의 배경은 흐릿하게 표현되는 사진을 의미합니다. 예전에는 DSLR처럼 비싼 카메라로만 찍을 수 있었습니다. 원래 아웃포커스는 카메라 렌즈에 따라 잘 되기도 하고, 안 되기도 했으니까요.

그런데 스마트폰 기술이 발달하면서 아웃포커스 느낌의 사진을 찍을 수 있게 됐습니다. 소프트웨어로 사진을 수정해서 아웃포커스를 표현합니다. DSLR만큼 자연스럽지는 않지만, 그래도 꽤 괜찮은 품질의 아웃포커스 사진을 얻을 수 있습니다.

카메라 앱에서 옵션에 들어간 다음, 아웃포커스 기능을 켜 보세요. 카메라 앱마다 이 메뉴가 있는 위치가 다르거나 기능이 없을 수도 있습니다. 강조하고 싶은 사물을 터치하면 처음에는 뿌옇던 화면이 점점 선명해지면서 사물은 초점을 잡고, 배경이 흐릿해집니다.

04 키네마스터로 사진 영상 만들기

주제에 따라 사진을 찍었나요? 최소 10장 이상의 사진이 필요합니다. 앞서 설치한 키네마스터 앱을 사용해서 멋진 영상을 만들어 봅시다. 처음 사용할 때는 헷갈릴 수 있으니 천천히 따라 하면서 기능을 익혀보세요.

▶ 키네마스터 앱 실행하기

스마트폰에서 키네마스터 앱을 터치하고 들어가면 아래와 같이 키네마스터의 메인 화면이 나옵니다. 가운데에 있는 가장 큰 원을 터치하면 영상을 편집할 수 있는 프로젝트를 만들 수 있습니다. 가장 먼저 만들려는 영상의 화면 비율을 선택해야 합니다. 유튜브는 16:9 비율이 가장 적합하기 때문에 [16:9]를 선택합니다.

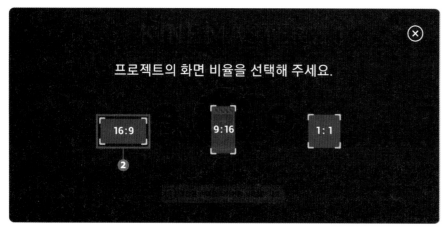

이제 프로젝트가 만들어졌습니다. 키네마스터를 본격적으로 활용하기 위해서는 기본 메뉴들과 용어를 알아야 합니다. 스마트폰은 컴퓨터와 달리 화면이 작아서 아이콘들이 직관적으로 구성되어 있습니다.

❶ 미리 보기 화면 : 내 편집의 결과 영상이 어떻게 나올지 실시간으로 보이는 화면입니다.

❷ 타임라인 : 실제로 영상과 사진을 편집하는 영역입니다.

❸ 미디어 : 갤러리에서 필요한 사진, 동영상 소스를 아래 타임라인으로 불러오는 메뉴입니다.

❹ 오디오 : 개인 스마트폰에 저장되어 있거나 '에셋 스토어'*에서 다운받은 음악 및 효과음을 아래 타임라인으로 불러오는 메뉴입니다.

❺ 음성 : 앱 안에서 녹음(내레이션, 현장음 등)을 할 수 있는 메뉴입니다.

❻ 레이어 : 영상 위에 새롭게 추가할 수 있는 요소들(영상 위에 또 다른 영상을 추가, 자막 넣기, 타이틀 넣기, 엔딩 크레딧, 스티커 넣기, 손글씨 쓰기 등)이 있습니다.

❼ 에셋 스토어 : 다양한 음악, 클립 그래픽, 폰트, 스티커 그리고 장면 전환 효과 등의 다양한 기능을 모두 에셋(Asset)이라고 말할 수 있습니다. 에셋 스토어는 말 그대로 에셋을 모아놓은 상점입니다. 무료 버전을 사용하는 사람은 프리미엄 표시가 된 에셋을 제외한 일부 에셋은 다운받아 사용할 수 있습니다. 유료 버전을 구매할 경우 에셋 스토어의 모든 에셋을 이용할 수 있습니다.

▶ 사진 불러오기

우리는 앞서 찍은 사진이 있으니 그걸 불러옵시다. 사진을 불러오기 위해 [미디어] 아이콘을 터치합니다.
그러면 화면에 앞서 찍은 사진을 비롯해 스마트폰에 저장된 사진들이 나옵니다. 보통 [Camera] 폴더 안에
찍은 사진이 들어있습니다.

내가 사용할 사진을 터치하면 아래 타임라인에 추가됩니다. 영상에서 사진이 나올 순서를 생각해서 사진을
여러 장 불러와 추가하세요.

혹시 원하지 않는 사진을 실수로 잘못 터치했나요? 실수로 터치한 사진이 타임라인에 들어갔다고 해서 당
황하지 마세요.

화면 가장 왼쪽에 보이는 [되돌리기] 아이콘을 터치하면 방금 내가 한 행동을 되돌릴 수 있습니다. 사진을
잘못 넣었을 경우뿐만 아니라 효과를 잘못 넣었을 경우 혹은 실수로 필요한 부분을 잘라낸 경우에도 되돌
릴 수 있습니다.

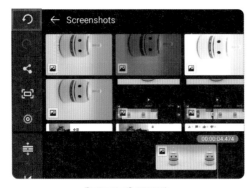

〈[되돌리기] 아이콘〉

또 다른 방법은 실수로 추가한 사진과 영상을 터치하고 화면 왼쪽의 [휴지통] 아이콘을 터치하면 해당 사진과 영상이 삭제됩니다.

〈[휴지통] 아이콘〉

사진 대신 기본적으로 제공하는 이미지를 넣을 수도 있습니다. [단색 배경] 폴더에 들어가면 키네마스터에서 기본으로 제공하는 배경이 있습니다. 이들을 활용해도 됩니다.

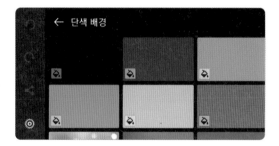 

▶ 첫 영상 실행해보기

자, 이제 필요한 사진을 전부 타임라인에 불러왔습니다. 화면 오른쪽에 있는 [재생] 아이콘을 터치해 볼까요? 그러면 미리 보기 화면에 내 사진들이 연속적으로 나타나면서 영상이 재생됩니다. 사진으로 영상 만들기 정말 간단하죠?

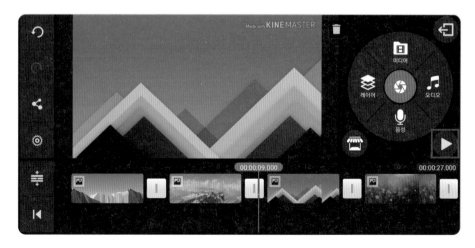

05 사진 영상에 효과주기

현재 영상으로도 그럭저럭 괜찮지만, 사진만 지루하게 이어지니 재미가 없습니다. 밋밋한 영상에 효과를 넣으면 분위기가 확 달라집니다. 아래 내용 모두를 사용할 필요는 없지만, 내 영상에서 적절하게 사용해서 더 멋진 영상으로 변신시켜 봅시다.

▶ 사진 순서 바꾸기

사진의 순서를 바꾸고 싶다면 위치를 바꿀 사진을 꾹~ 길게 터치합니다. 그러면 컴퓨터에서 드래그하는 것처럼 해당 사진을 자유롭게 옮길 수 있어요. 옮기고 싶은 위치로 드래그해서 놓으면 쉽게 위치를 바꿀 수 있습니다.

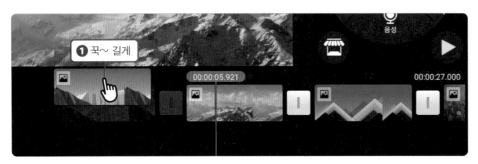

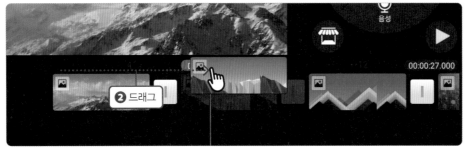

▶ 사진이 보이는 길이 조정하기

사람의 눈은 생각보다 빨리 화면의 내용을 스캔합니다. 사진이 나타나는 시간이 너무 길면 지루하게 느낄 수 있으니 적절한 시간으로 조정해 봅시다. 사진의 길이를 조정하려면 손으로 노란색 테두리를 옮기면 됩니다.

너무 작아서 잘 안 보이나요? 이럴 때는 타임라인에 양손 검지를 대고 좌우로 늘리면 타임라인이 확대됩니다. 조금 더 세밀한 편집이 필요할 때 이렇게 하세요. 반대로 양손 검지를 대고 좌우로 좁히면 축소됩니다.

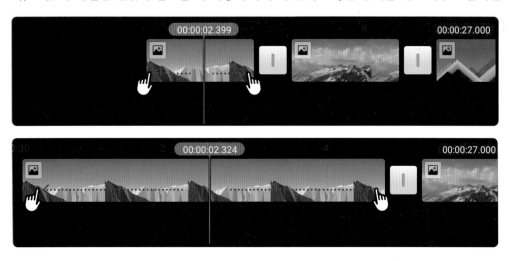

▶ 사진 자르기

사진이 보이는 길이를 조정하는 방법 대신 사진을 자르는 '트림/분할' 기능을 사용할 수도 있습니다. 좁은 스마트폰 화면 위를 손가락 터치로 조정하기 때문에 내가 원하는 길이로 딱 맞추기는 어렵습니다. 그래서 트림 기능이 더 편리할 때가 많죠. 앞으로 영상을 편집할 때 가장 많이 사용할 기능이기 때문에 빨리 익숙해질수록 편집이 쉬워집니다.

사진을 터치하면 주위에 노란색 테두리가 생기고 다양한 아이콘과 옵션이 나타나는데요. 길이를 조정하고 싶은 부분에 붉은색의 프레임 헤드를 가져다 두고 [가위] 아이콘을 터치합니다. 트림/분할에는 4가지 방법이 있는데 다음과 같습니다.

❶ 플레이 헤드의 왼쪽을 트림 : 선택한 사진 및 영상에서 붉은색 플레이 헤드 왼쪽을 잘라냅니다.

❷ 플레이 헤드의 오른쪽을 트림 : 선택한 사진 및 영상에서 붉은색 플레이 헤드 오른쪽을 잘라냅니다.

❸ 플레이 헤드에서 분할 : 붉은색 플레이 헤드를 기준으로 선택한 사진 및 영상을 분할합니다.

❹ 정지화면 분할 및 삽입 : 붉은색 플레이 헤드를 기준으로 선택한 사진 및 영상을 분할합니다. 추가로 분할된 부분에 플레이 헤드가 나타내던 정지화면을 삽입합니다.

▶ 사진 회전 및 좌우 반전하기

분명 가로로 찍은 것 같은데 사진이 세로로 저장되는 경우가 있습니다. 그럴 땐 당황하지 말고 '회전/미러링' 기능을 활용하세요. 회전은 말 그대로 사진을 돌리는 거고, 미러링은 좌우 또는, 상하가 대칭되도록 반전시키는 겁니다.

▶ 장면 전환 효과 넣기

사진과 영상을 자르는 '트림/분할' 기능 다음으로 영상 편집에서 가장 많이 쓰이는 기능이 무엇일까요? 바로 장면 전환 효과입니다. 사진과 사진이, 장면과 장면이 자연스럽게 넘어가도록 효과를 넣을 수 있는 기능입니다. 사진과 사진 사이에 하얀색 네모 박스가 보이시나요? 그 박스를 터치하면 내가 사용할 수 있는 장면 전환 효과가 화면에 나타납니다.

무료 버전이어도 사용할 수 있는 장면 전환 효과가 꽤 많이 있습니다. 가장 많이 쓰는 [대표 장면전환 효과]를 선택하세요. 줌 아웃, 페이드 컬러, 겹침 세 가지가 있습니다. 내가 만들 영상에 필요한 효과가 무엇일지, 어떤 효과를 넣으면 좋을지 한 번 생각해 보세요.

Tip

오른쪽 하단에 있는 [더 받기]를 터치하면 에셋 스토어에서 다양한 프리미엄 효과들을 구매해 사용할 수 있습니다. 비용을 지불해야 하는 기능입니다.

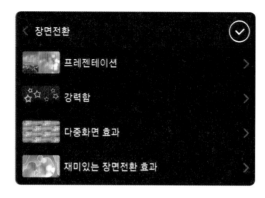
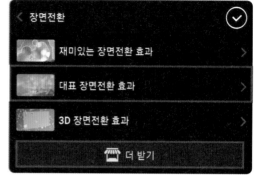

▶ 줌아웃

현재 장면이 점점 커지고 흐릿해지면서 자연스럽게 다음 장면으로 넘어가는 장면 전환 효과입니다.

▶ 페이드 컬러

현재 장면이 점점 검은색으로 어두워졌다가 다시 밝아지면서 다음 장면으로 넘어가는 장면 전환 효과입니다.

옵션의 색상 부분을 터치하면 검은색 말고도 다양한 색으로 효과를 적용할 수 있습니다.

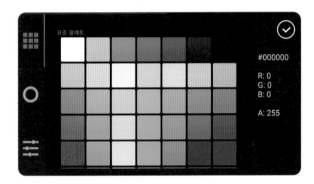

▶ 겹침

현재 장면이 자연스럽게 사라지면서 동시에 다음 장면이 서서히 나타나는 장면 전환 효과입니다. 영화 및 드라마에서 많이 쓰이고 있는 기법인데요. 전문 용어로는 디졸브(dissolve)라고 합니다.

▶ 장면 전환 효과 시간 조절

장면 전환 효과가 더 빨리 지나가도록 혹은, 더 천천히 지나가도록 설정하고 싶을 때가 있습니다. 그런 경우에는 장면 전환 효과를 선택하고 미리 보기 화면의 밑에 있는 숫자 막대를 조절하면 됩니다. 숫자가 작을수록 장면 전환이 빨리 되고 숫자가 클수록 장면 전환이 느리게 됩니다.

▶ 그 외 다양한 장면 전환 효과들

〈물방울〉

〈하트〉

〈원형〉

〈여행〉

이 외에도 키네마스터 앱에서는 다양한 장면 전환 효과를 제공하고 있습니다. 책에 소개되지 않은 효과들은 직접 눌러보면서 어떤 효과들이 있는지 확인해 보세요. 그리고 위에서 설명했던 자르기 기능, 장면 전환 효과를 활용해서 영상을 자유롭게 꾸며봅시다.

⭐Tip 영상 편집은 시간과의 싸움

영상 편집은 시간과 정성이 많이 들어가는 작업입니다. 컴퓨터 그래픽을 많이 쓰는 대작 영화의 경우, 배우들과 실제로 촬영하는 기간은 2~3개월이면 끝나지만, 후반 작업에 몇 년이 걸리기도 합니다. 유튜브 영상은 영화보다 훨씬 간단한 영상 편집을 하지만, 그래도 시간을 많이 투자할수록 좋은 결과물이 나온다는 사실은 동일합니다.

① 자르고 붙이는 것이 기본
복잡해 보이지만 가장 기본은 영상을 자르고 붙이는 겁니다. 앞으로도 이번 시간에 배운 자르고 붙이는 일을 계속 반복해서 쓰게 될 겁니다. 능숙해지도록 연습하세요. 능숙해지면 편집에 들어가는 시간도 줄어듭니다.

② 중간에 저장은 잊지 말기(키네마스터는 자동 저장)
기껏 애써 편집했는데 파일을 잃어버리면 안 되겠죠? 그래서 편집 작업을 할 때는 도중에 저장하기를 잊지 말아야 합니다. 다행히 키네마스터는 자동으로 저장을 해줍니다.

③ 중단 단계의 편집 영상을 수시로 확인
편집한 다음 수시로 어떤 느낌인지 영상을 플레이하며 확인해야 합니다. 내 생각과 실제 영상이 다를 수 있으니까요. 중간 단계에서 영상을 확인하면 나중에 전체를 고치느라 고생하지 않아도 됩니다.

04

내 채널에 영상 업로드하기

이번 단원에서는

1. 키네마스터로 편집한 영상을 갤러리에 파일로 저장해요.
2. 스마트폰으로 내 유튜브 채널에 영상을 업로드해요.
3. 업로드하면서 쓸 수 있는 유튜브 앱의 기능을 알아봐요.

앞서 우리는 스마트폰 영상 편집 앱인 '키네마스터'를 다뤄봤습니다. 간단한 조작법을 익히고 내가 찍은 사진들을 모아서 영상도 편집해봤습니다. 사진의 길이를 조절하거나, 다음 사진으로 넘어갈 때 장면 전환 효과도 넣을 수 있습니다. 그럼 이제 내가 편집한 영상을 파일로 저장해서 내 갤러리에 저장하고, 이 동영상을 내 유튜브 채널에 올려봅시다.

영상 파일로 저장하기

01 키네마스터 앱을 실행합니다. 처음 보이는 화면이 조금 달라진 것을 알 수 있습니다. 가장 처음 키네마스터를 설치했을 때는 화면 오른쪽의 빈 공간이 없었습니다. 그런데 우리가 영상 편집 프로젝트를 하나 만들었기 때문에 오른쪽에 프로젝트 파일이 생성된 것을 알 수 있습니다. 해당 화면에서 내가 만든 프로젝트를 터치합니다.

02 그러면 아래 화면이 나타납니다. 해당 화면의 가장 왼쪽에 있는 붉은색 아이콘을 터치하면 내가 편집했던 프로젝트로 다시 들어가 추가로 편집할 수 있습니다. 오른쪽 아이콘 4개는 왼쪽부터 순서대로 [미리 보기], [내보내기 및 공유], [프로젝트 복제], [프로젝트 삭제]입니다. 여기서 [내보내기 및 공유]를 터치합니다.

❶ **미리 보기** : 내가 편집한 프로젝트의 결과물을 미리 보여줍니다.

❷ **내보내기 및 공유** : 내가 편집한 프로젝트의 결과를 영상 파일로 내 갤러리에 저장합니다. 영상의 해상도, 프레임레이트, 비트레이트 값을 설정할 수 있습니다.

❸ **프로젝트 복제** : 해당 프로젝트와 같은 프로젝트를 하나 더 만듭니다.

❹ **프로젝트 삭제** : 해당 프로젝트를 삭제합니다.

 여기에서도 내보내기 및 공유 가능 ....

영상 편집을 하면서 화면 왼편에 있는 [공유] 아이콘을 본 적이 있을 겁니다. 해당 아이콘을 터치해도 똑같이 [내보내기 및 공유] 화면으로 이동하니 참고하세요.

....

03 그럼 아래 화면이 나타납니다. 여기서 우리는 내보낼 영상의 해상도, 프레임레이트, 비트레이트 값을 설정할 수 있습니다.

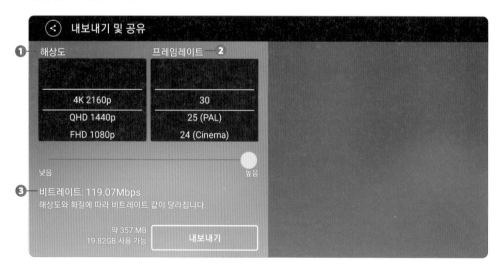

❶ **해상도** : 화면에 표현된 그림이나 글씨의 정교한 정도를 나타내는 말입니다. 비슷한 의미가 있는 단어로 '화질'이 있습니다. 해상도의 숫자가 높을수록 영상이 더 선명하게 잘 보입니다.

❷ 프레임레이트 : 영상은 연속된 이미지를 차례로 보여주는 겁니다. 1초당 몇 개의 이미지를 보이는지가 프레임레이트입니다. 프레임레이트가 30이면 1초에 30개의 이미지가 보인다는 뜻입니다. 프레임 레이트값이 높을수록 움직임이 더 자연스럽게 보입니다.

❸ 비트레이트 : 1초에 얼마나 많은 영상 정보를 가졌는지 나타내는 값입니다. 비트레이트가 높으면 높을수록 많은 정보를 담을 수 있어서 영상의 화질이 좋아지는 대신 용량이 커집니다.

04 유튜브는 업로드할 동영상 최소 해상도의 기준을 정해놓지는 않았지만 16:9 영상비인 동영상의 경우 1280×720의 해상도, 즉 720p 이상의 해상도를 권장합니다. 우선 [해상도]는 'FHD 1080p', [프레임레이트]는 '30', [비트레이트]는 '높음'으로 설정하고, [내보내기]를 터치합니다.

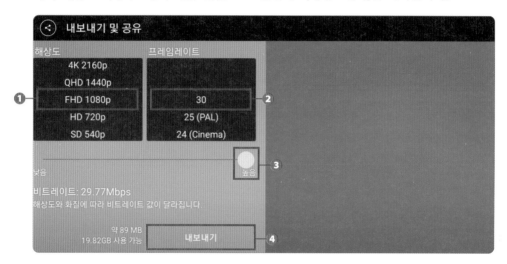

⭐ Tip **주의**

무료 버전일 경우 이 과정에서 광고나 유료 결제 화면이 나타날 수도 있습니다.

05 내보내기가 완료되면 화면 우측에 내가 만든 영상 파일의 목록이 생성됩니다.

06 이제 내 스마트폰의 갤러리로 들어가 봅시다. 'Export'라는 폴더가 새롭게 생성되었습니다. 앞으로 키네마스터를 통해 편집하고 내보내기 한 영상 파일은 전부 [Export] 폴더에 만들어지게 됩니다. [Export] 폴더를 터치해서 들어가면 내보내기 한 영상이 하나 들어있습니다.

07 내가 스마트폰으로 처음 만들어본 영상이 잘 만들어졌는지 처음부터 끝까지 한 번 시청해 보세요. 그러면 만드는 중에는 찾지 못한 실수를 발견할 수도 있고, 바꾸고 싶은 부분이 보일 수도 있습니다.

영상을 수정하고 싶다면 다시 키네마스터를 실행하고 내가 편집했던 프로젝트에 들어갑니다. 프로젝트에서 원하는 부분을 수정하고 위에 했던 순서를 그대로 다시 진행하면 수정된 영상이 만들어집니다. 우리는 초보 크리에이터이니 처음부터 완벽한 영상을 기대할 수는 없겠죠. 조금씩 고쳐나가면서 영상의 품질을 높여 나갑시다.

유튜브에 영상 올리기 전 - 제목과 설명 작성

이제 유튜브 채널에 영상을 올려봅시다. 유튜브 앱을 실행하기 전에 먼저 정해야 할 것이 있습니다. 바로 '제목'과 '설명'입니다.

유튜브에서 보고 싶은 영상을 찾기 위해 검색해 본 적이 있나요? 예를 들어 '고양이'를 검색한다면, 귀여운 고양이의 모습을 담고 있는 영상이 잔뜩 나타납니다. 이 영상들의 공통점이 무엇인지 보이시나요? 바로 제목에 '고양이'라는 단어가 무조건 들어가 있다는 점입니다.

그만큼 제목은 검색 결과에 많은 영향을 미칩니다. 이왕 열심히 만든 영상인데 다른 사람들에게 잘 검색되면 그만큼 조회 수도 많이 오를 겁니다. 지금부터 알려드리는 팁을 잘 참고해서 첫 영상의 제목과 설명을 멋지게 만들어 봅시다.

04 내 채널에 영상 업로드하기   67

▶ 내 영상의 핵심 키워드를 찾는다

내가 만든 영상을 나타낼 수 있는 가장 대표적인 키워드가 있을 겁니다. 예를 들어, 여름휴가 때 제주도에 놀러 가서 찍은 영상들로 브이로그를 만들어서 올린다고 생각해 봅시다. 이 영상은 누가 시청하고 싶을까요? 여름휴가로 여행을 떠나고 싶은데 여행지를 고르지 못한 사람, 제주도에 가고 싶은데 일정을 어떻게 짜야 할지 고민하는 사람, 그리고 다른 사람들은 여름휴가를 어떻게 보내고 있는지 보고 싶은 사람에게 도움이 되겠죠?

핵심 키워드는 '여름휴가', '제주도', '여행', '브이로그'가 될 겁니다. 이렇듯 내가 만든 영상에서도 적절한 키워드를 찾아 아래에 적어보세요.

내 영상의 핵심 키워드			

▶ 키워드가 포함된 제목을 만든다

키워드가 포함된 제목을 한 번 적어보세요. 제목에 키워드가 포함돼야 검색할 때 유리하다고 해서 키워드를 제목에 덕지덕지 쓰는 방법은 오히려 역효과를 낼 수 있습니다. 내 영상과 어울리는 키워드 1~2개 정도가 적합합니다.

_____

_____

_____

_____

Tip 유사 콘텐츠의 유명 유튜버 영상 제목을 참고하세요

만약 내가 올릴 영상이 먹방이라고 한다면 '먹방'을 검색해서 구독자가 많은 유튜버 채널에 들어갑니다. 유명 유튜버는 지금까지 영상을 많이 올렸기 때문에 그만큼 제목을 정하는데도 노하우가 있습니다. 유명 유튜버가 올린 영상들의 제목을 보고 내 영상 제목을 정하는 데 참고합시다. 단, 제목을 그대로 똑같이 따라하면 안됩니다. 어디까지나 참고만 합시다.

〈먹방 유튜버 '나름TV'〉　　　　〈먹방 유튜버 '엠브로'〉

▶ 앞서 찾은 키워드를 활용해 설명을 적는다

제목은 100자밖에 못 쓰지만, 설명은 2,500자나 쓸 수 있습니다. 찾았지만 제목에 쓰지 않은 키워드가 설명글에 자연스럽게 등장하도록 해보세요. 설명도 검색에 영향을 미치므로 사용하지 못한 키워드를 여기에서 활용할 수 있습니다. 이곳에는 본인의 다른 영상 링크를 넣는 등으로 활용할 수 있습니다. 이 부분은 나중에 다시 다루겠습니다. 자, 설명을 적어보세요.

_____

_____

_____

_____

_____

03 유튜브에 영상 올리기

01 유튜브 앱을 실행합니다. 오른쪽 위에 있는 카메라 모양의 아이콘(▄█)을 터치합니다.

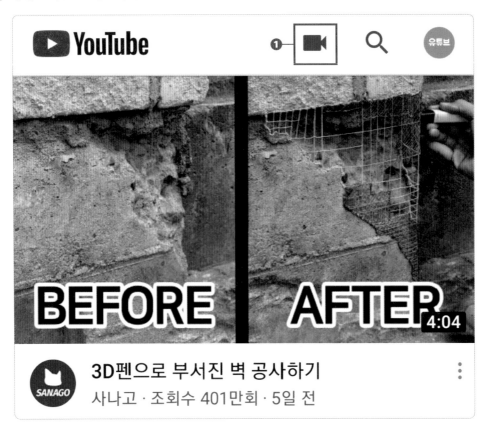

02 아래와 같은 창이 나타나면, 이중 [녹화], [실시간 스트리밍]은 지금 찍은 영상을 바로 업로드하는 기능인데 지금은 하지 않습니다. 그 아래에 보이는 영상들은 내 갤러리에 저장된 영상들입니다. 좀 전에 내보내기를 했던 영상이 보일 겁니다. 찾아서 선택합니다.

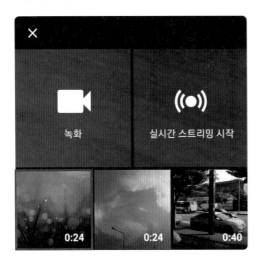

03 그러면 내 영상에 대한 세부정보를 추가할 수 있는 화면이 나타납니다. 영상을 업로드하기 바로 직전의 화면입니다. 이 화면에서는 제목과 설명을 작성할 수 있고 내 영상의 공개 여부를 선택할 수 있습니다. 우리가 앞서 정한 제목, 설명을 입력하고, 공개 여부를 결정합니다.

Tip

- 공개 : 업로드하는 즉시 링크가 있는 모든 사용자가 볼 수 있음
- 미등록 : 검색에 노출되지는 않지만 내 동영상의 링크를 공유 받은 사용자는 볼 수 있음
- 비공개 : 나만 볼 수 있음

04 [종이비행기] 아이콘(➤)을 터치하면 업로드가 시작됩니다. 내 스마트폰에 있는 영상이 유튜브 사이트의 서버로 올라가는 과정입니다. 영상의 시간이 길수록 업로드 시간도 길어진다는 사실을 기억하세요.

〈업로드된 모습〉

05 업로드 화면에 '시청 준비 완료'라는 글자가 나타나면 영상 올리기가 성공한 겁니다. 드디어 내 유튜브 채널에 첫 영상을 업로드했습니다. 본인이 올린 영상이 잘 재생되는지 본인 채널에 들어가서 한번 확인해 보세요.

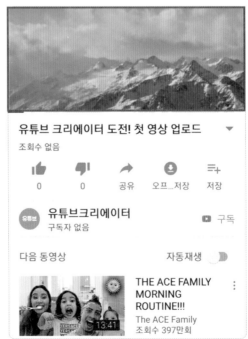

세계에서 조회 수가 가장 높은 유튜브 영상은?

유튜브 인기를 견인한 영상은 주로 뮤직비디오입니다. 영어 노래가 강세일 것으로 예상하지만 놀랍게도 1위는 스페인어 노래입니다. 우리에게 친숙한 4위에 아기상어 영어 버전, 7위의 강남스타일도 눈에 띕니다. 생소한 언어로 쓰인 5위는 러시아 애니메이션 '마샤와 곰'의 에피소드입니다.

순위	영상명	채널	조회 수	업로드 연도
1	Despacito	LuisFonsiVEVO	6,190,781,994	2017
2	Shape of You	Ed Sheeran	4,542,768,356	2017
3	See You Again	Wiz Khalifa	4,343,264,354	2015
4	Baby Shark Dance	Pinkfong! Kids' Songs &Stories	4,217,370,476	2016
5	Маша и Медведь(Masha and The Bear) - Маша плюс каша (17 Серия)	Get Movies	4,207,274,984	2012
6	Uptown Funk	MarkRonsonVEVO	3,619,536,554	2014
7	강남스타일	officialpsy	3,262,944,490	2012
8	Sorry	JustinBieberVEVO	3,063,665,899	2015
9	Sugar	Maroon5VEVO	2,852,852,456	2015
10	Roar	KatyPerryVEVO	2,900,624,932	2013

※2020년 1월 기준〈출처 : 나무위키〉

04 유튜브에 영상 올릴 때 효과 넣기

우리는 이미 영상을 올렸지만, 업로드하는 도중에 유튜브에서 제공하는 다양한 기능을 사용할 수 있습니다. 이 기능을 사용해서 영상을 조금 더 발전시켜 봅시다.

영상 미리 보기 화면을 자세히 보면 [음표] 아이콘과 [요술봉] 아이콘, 그리고 아래의 막대 바가 있는데 이 그림들은 각각의 기능을 가지고 있습니다. 하나씩 알아봅시다.

▶ 배경 음악 넣기

01 [음표] 아이콘(♫)은 영상에 배경 음악을 삽입할 수 있는 기능입니다. 아이콘을 터치하면 유튜브에서 제공하는 무료 음원 목록이 화면에 나타납니다. 추천해주는 노래 중에서 고르거나, [장르 및 기분] 탭에서 제공하는 다양한 상황별 음악에서 골라도 됩니다.

02 영상에 적절한 음악 하나만 들어가도 완전히 다르게 느껴집니다. 예를 들어, 만약 내 영상의 분위기가 행복하다면 행복한 노래를 추가해보는 건 어떨까요? [행복]을 터치하면 그 단어와 어울리는 노래 목록이 나타납니다. 마음에 드는 노래를 자유롭게 추가해 보세요.

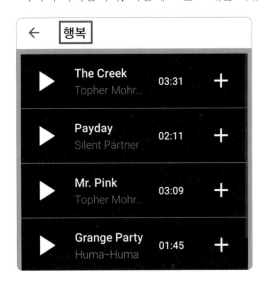 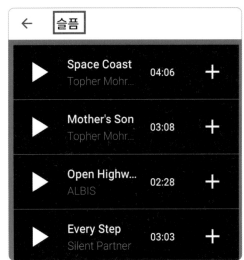

03 음악을 선택하면 자르기 막대 아래에 새로운 막대가 한 줄 생깁니다. 그 막대는 추가한 음악이 내 영상에서 어느 부분에서 재생될지 조절하는 막대입니다. 예를 들어, 내 영상의 길이가 음악보다 더 짧다면, 음악 중에서 특정 부분을 사용할 수 있습니다. 이 기능은 키네마스터에서도 제공되는 기능이니 나중에 좀 더 자세히 다루겠습니다.

▶ 영상 자르기

영상 미리 보기 화면 아래에 타임라인이랑 비슷한 막대와 동그라미 두 개가 있습니다. 동그라미 부분을 손가락으로 누른 채로 좌우로 움직이면 영상의 시간을 조절할 수 있습니다. 꾹 누르고 있으면 막대 바의 시간 부분이 확대되니 조금 더 세밀한 작업이 필요할 때 활용해 보세요.

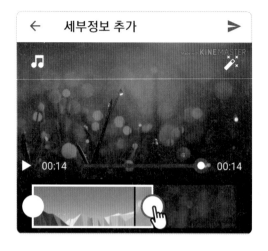 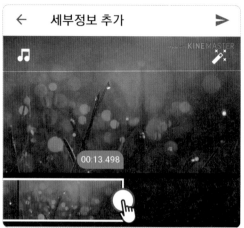

〈꾹~ 누르면 막대 바가 확대되어 좀더
세밀한 작업을 할 수 있습니다.〉

▶ 필터 씌우기

오른쪽 위의 [요술봉] 아이콘(🪄)은 영상에 필터 씌우기 기능을 제공합니다. 색상을 보정하거나, 재미있는 효과를 내는 필터도 있습니다. 한 번 사용해 보세요.

 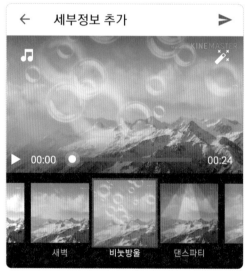

유튜브에서 아동 안전 ....

유튜브에서는 미성년자의 정서 및 신체적 건강을 위협하는 콘텐츠는 허용되지 않습니다. 우리나라에서 미성년자는 만 18세 미만을 말합니다.

⚠ 미성년자의 성적 대상화

⚠ 미성년자와 관련된 유해하거나 위험한 행위

⚠ 미성년자의 정신적 고통 유발

⚠ 오해를 일으키는 가족용 콘텐츠

⚠ 미성년자에 대한 사이버 폭력 및 괴롭힘

아동이 등장하는 경우 댓글, 실시간 스트리밍, 실시간 채팅 등 일부 기능이 채널 단위에서 사용 중지될 수 있습니다. 학생 유튜버를 목표로 한다면 이 점을 유의하여 콘텐츠를 업로드합시다.

〈초등학생 유튜버 띠예〉

05
자기소개 영상 만들기

이번 단원에서는

1. 스마트폰으로 영상을 촬영해봐요.
2. 내가 촬영한 영상을 영상 편집 앱으로 편집해봐요.

이 책을 처음 펼쳤을 때 아무것도 할 줄 몰랐던 우리의 모습을 기억하나요? 크리에이터라는 말을 마냥 어렵게 느꼈죠. 첫 페이지부터 한 장 한 장 넘겨 여기까지 온 여러분은 내 유튜브 채널을 만들었고, 스마트폰으로 열심히 만든 첫 영상을 내 유튜브 채널에 업로드했습니다. 당당하게 크리에이터로서의 첫발을 내디딘 겁니다. 이제부터는 내 콘텐츠의 질을 높여야 할 차례입니다. 이번엔 사진 대신 직접 영상을 촬영해서 편집해볼 겁니다. 영상이라고 해서 사진과 다르지 않으니 걱정하지 마세요.

유튜버 지근 자기소개 & 유튜브 채널소개 [2분 자기소개 영상] -..
지근
6개월 전 · 조회수 1.2천회

우주쏘녀 자기소개 및 유튜브 소개
spacegirl우주쏘녀
4년 전 · 조회수 2.7만회

[바라던 바다] 일상 채널 오픈 ☕ 열아홉 대학생 자기소개 &...
바라던 바다 BADACHA
2년 전 · 조회수 33만회

초보 유튜버에서 프로 크리에이터로 거듭나기 | 재생목록과.
유튜브랩 Youtubelab
10개월 전 · 조회수 1만회

Hey guys! 김수민입니다 🤍 자기소개 & 채널소개 .
김수민 sookim
4개월 전 · 조회수 8만회

이번에 만들어볼 영상은 자기소개 영상입니다. '내가 누구인지', '내 채널은 어떤 채널인지', '앞으로 어떤 영상을 올릴 건지' 등의 이야기를 담은 영상입니다. 이런 소개 영상이 있으면 사람들이 내 유튜브 채널에 대한 정보를 더 쉽게 얻을 수 있습니다. 어떤 크리에이터인지 알아야 구독을 누를 확률도 올라가겠죠?

01 다양한 자기소개

자기소개를 해 본 경험은 다 있을 겁니다. 예를 들어, 새로운 학년이 시작되어 새로운 친구들을 만나면 자기소개를 하게 됩니다. 그런데 어떤 상황에서 자기소개를 하느냐에 따라 나눌 내용이 달라집니다. 그렇다면 유튜브 채널에서는 어떤 자기소개를 하면 좋을까요? 생각해서 아래에 기록해 봅시다.

새로운 학기의 시작

장소 : 학교

듣는 대상 : 처음 만난 같은 반 친구들

목적 : 이름과 취미, 좋아하는 것 등 간단한 정보를 전달

취업을 위한 면접

장소 : 면접 장소

듣는 대상 : 회사 면접관

목적 : 이 회사에 어울리는 사람임을 적극적으로 어필

자기소개

장소 : 내 유튜브 채널

듣는 대상 : _____

목적 : _____

_____

_____

_____

대본을 써보자

TV 드라마나, 연극에서 등장인물이 길고 어려운 대사를 할 때가 있습니다. 배우들은 어려운 대사를 틀리지 않고 멋지게 말합니다. 어떻게 그럴 수 있을까요?

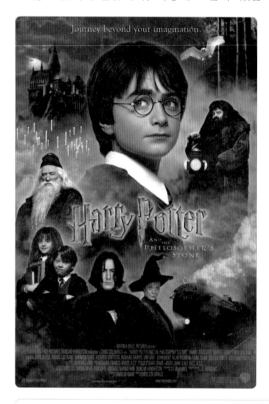

<해리포터 마법사의 돌 영화의 일부 장면>

도서관에서 무언가를 열심히 찾고 있는 해리와 론에게 헤르미온느가 다가가고 있다.

헤르미온느	(크고 두꺼운 책을 책상 위에 내려놓으며) 엉뚱한 곳만 뒤졌던 거야. 왜 그렇게 바보 같았지? 심심풀이로 읽으려고 몇 주 전에 대출한 책이야.
론	이걸 심심풀이로?
헤르미온느	(론을 째려본다) 마법사의 돌을 만든 사람 중 니콜라스 플라멜만 알려졌어. '영생을 가져다주는 영약을 만들 수도 있다', '그는 작년에 665세 생일을 맞은 유명한 연금술사이다'
론	영생?
헤르미온느	영원히 사는 거 말이야
론	그건 나도 알아
헤르미온느	3층에서 플러피가 지키는 지하실 문 아래에 있는 건 마법사의 돌이라고!

그건 대본에 따라 미리 연습하기 때문입니다. 발표하기 전에 내가 어떤 말을 할지 미리 적어본 적이 있나요? 생각을 바로 말로 옮기면 말하려고 했던 내용을 빠트릴 수도 있고 말이 꼬일 수도 있습니다. 이때 말할 내용을 적어보면 머릿속이 정리되면서 말실수를 줄일 수 있습니다. 자기소개도 이와 같습니다. 내가 말하고 싶은 내용을 정리해 대본을 먼저 만들고 연습하면 훨씬 멋진 자기소개를 할 수 있습니다.

▶ 다른 유튜버 자기소개 영상을 보며 무얼 배울지 파악한다

◉ 닉네임, 채널 이름의 뜻 설명

유튜브에서 닉네임과 채널명은 내 이름과도 같습니다. 닉네임을 말하면서 왜 이 닉네임을 하게 되었는지, 채널명은 왜 이렇게 했는지 간단하게 설명합시다. 채널 이름을 한눈에 알아보기 쉽게 만들었다면 따로 설명이 필요 없을 수도 있습니다. 그렇다면 이 채널을 만들게 된 계기를 간단하게 설명하는 것도 좋습니다.

◉ 앞으로 올릴 콘텐츠에 대한 소개

소개 영상을 보는 사람이 가장 궁금한 점은 이 채널에 앞으로 어떤 콘텐츠가 올라올지 입니다. 유용한 정보를 주는지 혹은 재미를 주는지 등 이 채널이 나에게 도움이 되는지 확인하고, 마음에 든다면 '구독' 버튼을 누를 겁니다. 이때 시청자와 일종의 약속을 하게 됩니다. 즉 '내가 이런 콘텐츠를 만들어서 계속 올릴 테니 내 채널에 계속 와주세요.'라는 식이죠. 단, 꼭 지킬 수 있는 약속을 하는 것이 좋습니다.

▶ 자기소개 영상용 대본을 써본다

영상을 찍기 전에 내가 하고 싶은 말을 정리해서 적어 봅시다. 여기에 글씨로 써도 좋고, 타이핑에 익숙하다면 컴퓨터에서 작성해도 좋습니다.

주의할 점!
생각을 정리하기 위해 대본을 쓰는 건 좋은데, 내가 평소에 말하지 않는 단어를 쓰면 부자연스럽습니다. 그러니 대본을 쓴 다음에는 반드시 소리를 내서 읽어보세요. 읽으면서 어색하다면 다른 단어로 바꿔보세요. 이 과정을 여러 번 반복하면서 대본을 완성합니다.

03 자기소개 영상 촬영 준비

대본이 준비됐으면 영상을 찍을 차례입니다. 촬영을 위해 어떤 준비를 해야 하는지 알아봅시다. 자기소개 영상은 보통 카메라를 세워두고 내 얼굴이 보이게 촬영을 하는 경우가 많습니다. 비교적 카메라의 움직임이 없어 촬영이 쉬운 편이지만, 처음 영상 촬영이니 아래의 내용을 따라서 해봅시다. 지금 잘 기억해 두면 앞으로 두고두고 도움이 될 겁니다.

▶ 세로 화면보다는 가로 화면으로

유튜브에서 기본적으로 제공하는 화면 비율은 16:9 가로 화면입니다. 영상 대부분이 가로 화면으로 제작되어 있고 영상을 보는 사람도 가로 화면에 익숙합니다. 가급적 가로 화면으로 촬영합니다.

▶ 전면 카메라 대신 화질이 좋은 후면 카메라로

대부분 스마트폰은 스마트폰 액정 위에 있는 전면 카메라보다 뒷면에 있는 후면 카메라의 화질이 더 좋습니다. 또 자기소개 영상 촬영 중에는 스마트폰에 비친 내 모습을 안 보는 게 더 자연스러울 수 있습니다. 화질이 좋은 후면 카메라로 영상을 찍읍시다.

▶ 촬영장소 찾아보기

사진과 영상을 찍을 때 가장 중요한 요소는 빛입니다. 야외에서 찍을 땐 그늘진 곳보다 해가 잘 드는 곳에서 찍어야 결과물이 더 잘 나옵니다. 주의할 점은 역광으로 찍지 않도록 하는 겁니다. 즉 카메라가 해의 방향을 바라보고 찍으면 찍고자 하는 물체는 검게, 배경은 밝게 나타납니다. 그러니 밝은 곳에서 해를 등지고 촬영합시다.

또한, 배경도 괜찮은 장소를 찾아봅시다. 밝은 야외도 좋고, 내 유튜브 채널의 주제를 나타낼 수 있는 배경이 있다면 더 좋습니다. 그리고 촬영장소 주변이 시끄럽진 않은지 확인하세요.

〈정광〉

〈역광〉

▶ 스마트폰 고정하기

나 혼자 자기소개 영상을 찍으려면 스마트폰을 어딘가에 고정해 놓아야 합니다. 삼각대나 거치대를 활용하는 것이 좋지만 꼭 있어야 하는 건 아닙니다. 책이나 다른 물건으로 스마트폰을 고정해도 되니까요. 카메라가 흔들리지 않게만 하면 됩니다.

또한, 자기소개할 위치를 파악해서 스마트폰을 고정해야 합니다. 어디에 놓아야 화면에 내 얼굴과 상반신이 적당한 크기로 잘 나올지 고민해 보세요.

〈삼각대 이용 모습〉

〈상자로 스마트폰을 고정한 모습〉

테스트 촬영하기

준비됐다면 테스트 촬영을 합니다. 스마트폰에서 영상 녹화 버튼을 누르고, 자기소개를 하기로 한 위치로 간 다음 아무 말이나 해 봅니다. 대본의 첫 구절이나 "안녕하세요." 정도면 좋겠죠. 이제 다시 스마트폰으로 돌아가서 영상 녹화를 종료하세요. 방금 촬영한 영상을 실행해 봅니다. 생각한 대로 적절한 위치에 내 모습이 나오나요? 화면이 비뚤어지지는 않았는지, 너무 크거나 작게 나오지는 않는지 확인합니다. 또한 목소리의 크기가 적당한지 확인하세요.

촬영한 테스트 영상에 따라 스마트폰의 거리, 각도를 조절합니다. 몇 번을 반복해서 최적의 위치, 최적의 각도를 찾으세요. 처음에는 시간이 걸리겠지만, 익숙해지면 어떤 거리, 각도가 좋은지 금방 찾을 수 있게 됩니다.

Tip 다양한 카메라 앱

기본 카메라 외에도 영상 촬영 가능한 카메라 앱이 많습니다. 대부분 촬영 시간에 제한이 있지만 다양한 필터와 효과가 가득하니 잘 활용하면 멋지고 귀여운 영상을 만들 수 있어요.

 ● 카메라360(Camera360)

3D 퍼니 스티커 기능 제공으로 사진과 영상 촬영을 더 재미있게 만들 수 있습니다. 최근 업데이트로 영상 업로드 커뮤니티인 챌린지 기능이 추가되었습니다.

 ● 푸디(Foodie)

음식에 최적화된 전문 카메라 앱입니다.

 ● 소다(SODA)

카메라 앱의 떠오르는 샛별, 셀프 촬영에 최적화된 완벽한 뷰티 효과와 다양한 색감의 필터가 강점입니다.

 ● 스노우(SNOW)

전 세계 2억 명이 사용하는 인기 카메라 앱, 수천 가지의 다양한 스티커와 감각적인 효과 필터를 제공합니다.

 ● B612

귀여운 동물 스티커부터 재미있는 반전 스티커까지 다양한 얼굴 합성 기능을 제공합니다.

04 ▶ 자기소개 영상 촬영하기

이제 본격적인 촬영에 들어갑시다. 대본을 다시 처음부터 끝까지 읽어 봅니다. 대사를 다 외워서 한 번에 촬영을 끝내도 좋지만, 반드시 그러지 않아도 됩니다. 중간마다 대본을 보면서 나눠서 대사한 다음, 불필요한 부분은 편집에서 잘라내면 되니까요.

① 스마트폰의 [녹화] 버튼을 터치합니다.

② 미리 정한 위치로 이동합니다. 서둘러 이동하지 않아도 됩니다. 영상의 앞부분을 잘라내면 되니까요.

③ 숨을 고른 다음 자기소개를 시작합니다. 스마트폰 카메라를 응시하고 자연스럽게 말하세요.

④ 대사를 잊었으면 당황하지 말고, 대본을 봅니다. 실수한 문장부터 다시 말하기를 시작합니다. 실수한 문장, 대본을 보는 장면 등은 편집으로 잘라낼 겁니다. 말이 꼬였거나 어색하다고 느끼면 그 부분을 만족스러울 때까지 반복하세요.

⑤ 이런 식으로 대본의 끝까지 진행합니다.

⑥ 스마트폰의 [녹화 종료] 버튼을 터치합니다.

촬영한 영상을 보세요. 잘라낼 부분은 고려하지 말고, 내가 사용할 부분만 보면 됩니다. 만족스러운가요? 그럼 바로 편집으로 넘어가면 되고, 만족스럽지 않다면 재촬영을 합니다.

자기소개 영상 편집하기

05 자기소개 영상 만들기

01 촬영을 다 마쳤나요? 그럼 이제 편집을 해봅시다. 키네마스터 앱으로 들어가서 새로운 프로젝트를 만들어주세요.

02 새로운 프로젝트가 생성되었습니다. [미디어] 아이콘을 터치하여 내가 촬영한 영상을 타임라인으로 불러옵니다.

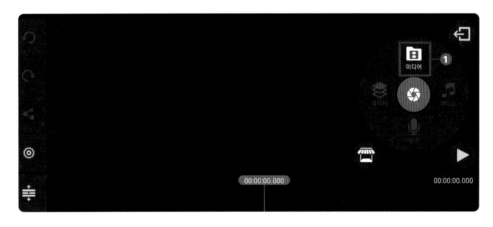

▶ 불필요한 부분 잘라내기

01 편집하고 싶은 영상을 손으로 살짝 터치하면 노란색 테두리가 생기면서 오른쪽에 여러 가지 아이콘이 보입니다. 03강에서 봤던 화면이죠. 여기서 [가위 모양] 아이콘을 터치합니다.

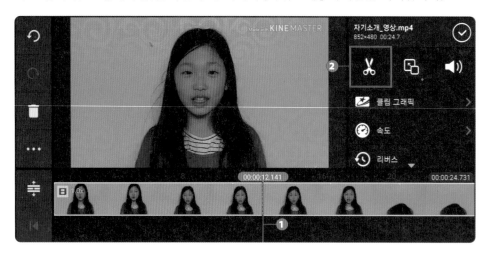

02 영상의 길이를 조절할 수 있는 기능 4가지가 나타납니다. 플레이 헤드를 기준으로 영상을 절단하거나 잘라낼 수 있는 기능인데요. 혹시 기억이 나지 않는다면 03강으로 잠시 돌아가 각 기능의 설명을 읽고 돌아옵시다.

내가 찍은 영상에서 말하고 있는 부분 이외에 필요 없는 부분은 잘라내서 깔끔한 영상을 만들어 봅니다. 촬영했던 영상에서 처음과 마지막에 촬영 위치로 이동하고 돌아오는 부분, 실수한 부분, 대본을 읽고 있는 부분 등을 잘라서 삭제합니다.

▶ 음량 조절하기

01 원본 영상의 소리가 너무 크면 소리를 조절할 필요가 있습니다. 크기를 키우거나 줄일 수 있고, 소리를 아예 없앨 수도 있습니다. 음량을 조절하고 싶은 영상을 선택하고 [스피커 모양] 아이콘을 터치합니다.

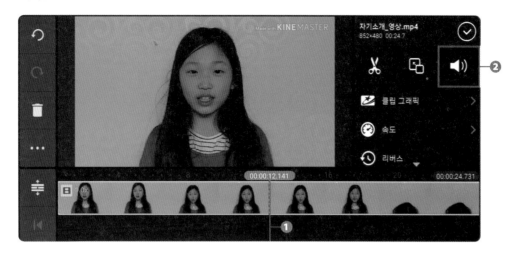

02 이곳에서 오디오 관련 설정을 할 수 있습니다. 가장 왼편에 있는 막대가 볼륨을 조절할 수 있는 막대입니다. [100%]라고 적힌 부분을 누른 후 위아래로 움직이며 영상을 볼륨을 조절하세요. 그리고 막대 위는 작은 스피커 모양 아이콘이 있는데요. 살짝 터치하면 아이콘이 붉은색으로 바뀌면서 금지선이 하나 그어집니다. 바로 음소거가 되었다는 표시인데요. 영상의 소리를 전부 없애고 싶을 땐 이 음소거 기능을 활용하세요.

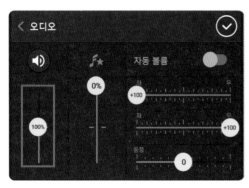
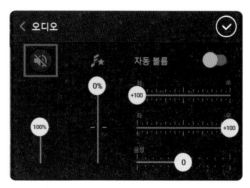

〈음량 조절하고 싶을 때〉　　　　　　　　〈영상의 소리를 전부 없애고 싶을 때〉

06 내 얼굴 나오는 것이 부담스럽다면

유튜브 채널에 내 얼굴을 공개하는 것이 부담스러울 수 있습니다. 그럴 때는 어떻게 하면 될까요? 앞으로 찍을 영상에 자신의 얼굴이 안 나오게 하는 건 어렵지만, 자기소개 영상 정도는 가능할지 모릅니다. 얼굴이 등장하지 않는 영상이나 그림을 보여주고, 목소리만 따로 녹음해서 편집하는 겁니다. 어떤 유튜버는 가면을 쓰고 등장하기도 합니다. 공작 활동, 요리 주제의 유튜버 중에는 이렇게 얼굴 없이 운영하는 사람도 있습니다.

키네마스터 앱을 실행한 다음, 내 얼굴 대신 보여줄 영상을 불러옵니다. 만약 내가 그림을 잘 그린다면 나를 나타내는 그림을 그려서 가져와도 좋습니다. 이 영상 또는, 이미지에 자기소개 목소리를 입히는 겁니다.

01 영상 편집을 한 프로젝트로 들어갑니다. 화면 오른쪽에 [음성] 아이콘이 보입니다. 해당 아이콘을 터치합니다.

02 녹음 준비 화면이 나타납니다. [시작] 버튼을 터치하면 플레이 헤드의 위치를 기준으로 녹음이 시작됩니다.

03 녹음이 시작됨과 동시에 영상도 재생됩니다. 내가 지금 녹음하는 말이 미리 보기 화면에 나타나는 영상에 그대로 추가된다고 생각하면 됩니다. 녹음을 멈추고 싶으면 [정지] 버튼을 터치하세요.

04 녹음을 멈추면 내 영상 파일 바로 밑에 보라색 막대가 생긴 걸 알 수 있습니다. 바로 방금 녹음된 음성 파일인데요. 이렇게 영상 위에 새로운 요소를 추가할 때마다 타임라인에는 층층이 막대가 추가됩니다. 전문 용어로 '레이어'라고 합니다.

⭐ **Tip** **녹음 관련 기능들** ....

그리고 화면에도 새로운 아이콘이 나타났습니다. 음성 녹음 관련된 편집을 할 수 있는 아이콘들인데요. 많은 기능이 있지만 이번에는 필요한 기능 몇 가지만 설명하겠습니다.

❶ 들어보기 : 녹음된 음성을 들어볼 수 있습니다.

❷ 다시 녹음 : 처음부터 다시 녹음할 수 있습니다.

❸ 끝까지 반복 : 녹음된 음성을 모든 영상이 끝날 때까지 반복합니다.
　　　　　※ 위에 있는 반복(아이콘)을 미리 설정해야 사용 가능

❹ 트림/분할 : 녹음된 음성의 길이를 자유롭게 조절할 수 있습니다.

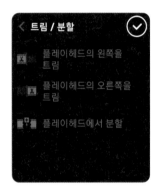

트림/분할 기능은 사진, 영상, 음성 모두 기능이 같습니다.
플레이 헤드를 기준으로 왼쪽 음성 제거, 오른쪽 음성 제거
그리고 분할할 수 있습니다.

....

다음 시간에는 영상 제작의 꽃이라고 할 수 있는 배경 음악 넣기와 자막 넣기를 배우게 됩니다. 아마 다음의 06강을 학습하면 음악과 자막이 영상에서 얼마나 중요한 부분인지 깨닫게 될 겁니다. 그럼 바로 06강으로 넘어가 볼까요?

Tip **미모지 vs AR이모지** ....

애플 아이폰을 쓰거나 삼성 갤럭시를 쓸 경우, AR 기술을 사용할 수 있습니다. 이 기술을 쓰면 촬영 영상에서 얼굴만 나를 닮은 캐릭터를 쓸 수 있어 얼굴 노출이 싫은 사람에게 유용합니다. 만약 지원하는 기기를 쓴다면 미모지, AR이모지를 활용해 보세요.

〈출처 : 삼성 갤럭시 S9 광고 캡처〉

06

배경 음악과 자막을 넣어보자

이번 단원에서는

1. 영상에 자막을 추가해봐요.
2. 영상에 배경 음악을 추가해봐요.
3. 완성된 자기소개 영상을 채널에 업로드해봐요.

음악과 자막은 영상 편집의 꽃이라고 할 수 있습니다. TV 예능 프로그램을 보면 적절한 순간에 등장한 기발한 자막이 시청자에게 웃음을 줍니다. 뉴스나 다큐멘터리에서 자막은 정보를 더 정확히 파악할 수 있게 도와주기도 합니다. 예능 프로그램에서 자막이 없다고 상상해 보세요. 재미가 반감될 겁니다.

배경 음악은 영상에 몰입하도록 감성을 더해줍니다. 영상의 주제에 딱 맞는 음악은 때로는 신나는 기분을, 때로는 감동을 선사합니다. 영상을 한층 업그레이드해주는 배경 음악과 자막을 지금부터 배워봅시다.

자막이 필요한 순간

자막의 활용 방법은 무궁무진합니다. 똑같은 영상인데 자막 하나로 완전 다른 상황을 연출할 수도 있을 정도입니다. 그러나 막상 내 영상에 자막을 넣으려니 어디에 무슨 말을 넣어야 할지 막막합니다. 자막을 넣으면 좋은 상황을 몇 가지 소개하겠습니다. 이를 참고해서 앞서 만든 자기소개 영상에 자막을 넣어 봅시다.

▶ 등장인물의 감정이나, 속마음을 나타내고 싶을 때

영상 콘텐츠를 재미있게 만드는 것은 등장인물의 말과 행동이죠. 하지만 등장인물의 속마음은 딱히 표현하기 어렵습니다. 그럴 때 자막으로 속마음을 표현해주면 영상이 훨씬 풍부해지고 재미있어집니다.

▶ 장소가 바뀌거나 상황이 바뀌었을 때

장면이 바뀔 때 장면 전환 효과를 넣어주는 것처럼 새로운 상황이 발생했을 때 자막을 넣어주면 상황 전환이 훨씬 자연스럽습니다.

▶ 등장인물의 대사를 강조하고 싶은 경우

강조하고 싶은 대사가 있다면 자막으로 크게 넣어 보세요.

▶ 순서나 방법을 설명하는 경우

정보를 전달하거나 게임의 규칙 등 설명이 필요할 때는 시청자가 이해하기 쉽도록 자막을 추가하면 도움이 됩니다.

▶ 행동을 강조하고 싶은 경우

의성어와 의태어를 활용해서 행동을 더욱 강조할 수 있습니다. 너무 놀라서 소리를 질렀을 때 '으악!', 불안에 떨고 있는 경우는 '바들바들' 식으로 자막을 추가해 보세요.

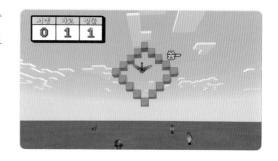

▶ 시청자의 시선을 끌고 싶은 경우

등장인물이 어떤 행동을 했는데 화면에서는 잘 보이지 않을 수 있죠. 그럴 때 시청자의 시선을 끌기 위해 자막을 추가하기도 합니다.

02 영상에 자막 넣기

01 언제 자막을 넣으면 좋은지 배웠으니 본격적으로 자막을 넣어 봅시다! 키네마스터 앱을 실행하고 앞선 05강에서 만든 프로젝트에 들어갑시다. 화면 오른편의 [레이어] 아이콘을 터치하면 5가지의 기능이 나타납니다. 자막 넣기는 [텍스트] 아이콘으로 할 수 있습니다. [텍스트] 아이콘을 터치해 보세요.

02 그러면 바로 글자를 입력할 수 있는 화면이 나타납니다. 자막으로 넣고 싶은 단어나 문장을 입력하고 [확인] 버튼을 터치합니다.

03 짠! 미리 보기 화면에 자막이 생겼습니다.

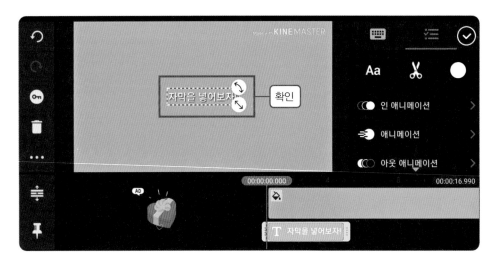

▶ 자막 위치 조정하기

자막 상자의 중앙을 누른 상태로 드래그하면 위치를 옮길 수 있습니다. 가장 적절한 위치로 자막을 옮겨보세요.

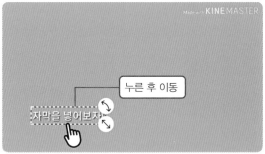

▶ 자막 크기와 기울기 조정하기

자막 상자 오른쪽에 2종류의 화살표가 보이나요? 그중 아래에 있는 화살표를 꾹 누른 채 화면 바깥쪽으로 드래그해 보세요. 자막의 크기를 조절할 수 있습니다.

위에 있는 둥근 화살표를 꾹 누르고 위아래로 움직여보세요. 자막을 자유롭게 회전시킬 수 있습니다. 위아래로 움직이다 보면 자막 가운데에 붉은색 선이 생기는 경우가 있습니다. 붉은 선에 기울기를 맞추면 정확히 수평, 수직이 됩니다.

 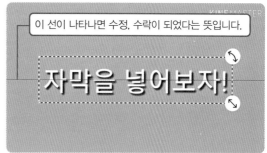

▶ 자막이 나오는 길이 조정하기

영상에서는 적절한 순간에 자막이 나왔다가, 적절한 순간에 자막이 사라져야 합니다. 자막이 언제 등장해서 사라질지는 타임라인에서 조정할 수 있습니다. 자막 바의 가운데를 손으로 꾹 눌러서 원하는 위치로 이동시켜보세요.

 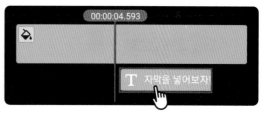

자막이 나타나는 시간을 조절하고 싶다면 자막 바를 살짝 누른 다음에 막대의 양옆에 생긴 노란색 부분을 누르고 좌우로 움직여서 조절하면 됩니다. 사진 및 영상을 편집할 때 사용했던 것처럼 트림/분할 기능을 활용할 수도 있습니다.

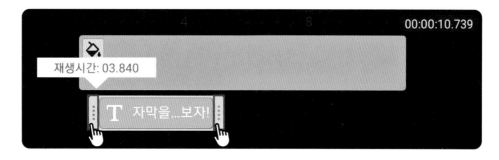

05강에서 만든 자기소개 영상에 자막을 넣어 봅시다. 05강에서 만든 대본이 자막을 넣을 때 참고 자료가 될 겁니다. 모든 장면에 자막을 넣는 것보다 적절한 순간에 들어가는 것이 더 효과적이니 언제 넣으면 좋을지 생각해서 넣어 보세요.

03 ▶ 자막 폼 나게 꾸미기

자막을 넣어 봤나요? 그런데 자막의 글씨체 등이 더 예뻤으면 좋겠다는 생각이 들지 모릅니다. 기본 자막은 기본 흰색 글꼴에 검은색 그림자 효과가 들어간 형태입니다. 여기에서 글꼴, 그림자, 글로우, 윤곽선, 배경색, 애니메이션 효과 등을 바꿔 자막을 멋지게 꾸밀 수 있습니다. 이번에는 애니메이션 효과를 제외한 나머지 기능을 배워 봅시다.

▶ 글꼴 바꾸기

먼저 글꼴을 바꿔볼까요? 화면 오른쪽의 [Aa]를 터치하면 바꿀 수 있는 화면이 나타납니다. 여기에서 맘에 드는 글꼴을 선택하면 됩니다.

01 더 다양한 글꼴을 사용하고 싶다면, 에셋 스토어를 활용합니다. 키네마스터에서는 다양한 무료 글꼴을 제공합니다. 화면 오른쪽 위에 있는 [에셋 스토어] 아이콘을 터치해 보세요.

02 에셋 스토어에서 아래와 같이 다양한 글꼴을 만날 수 있습니다. [한국어] 탭에서 마음에 드는 글꼴을 찾아보세요.

자막으로 쓰면 좋을 만한 글꼴을 추천합니다. 취향에 따라 선택해 사용해 보세요.

03 사용하고 싶은 글꼴이 보이면, 해당 글꼴 상자를 터치한 후 [다운로드] 버튼을 터치합니다.

04 이전에 기본 글꼴만 있던 화면에 방금 다운로드받은 글꼴이 생성됩니다. 여기서 원하는 폰트를 선택
하면 자막에 바로 적용됩니다.

'bold'는 두껍게 효과가 적용된 글꼴이라는 의미입니다.

05 아래는 '티몬 몬소리체'를 적용한 자막입니다. 이렇게 에셋 스토어에서 다양한 폰트를 다운로드받아 자막에 적용해 보세요.

▶ 글자색 바꾸기

자막의 글자색을 바꿀 수 있습니다. 오른쪽의 네모를 터치하면 색상 팔레트가 나타납니다. 원하는 색깔로 글자색을 바꿔보세요.

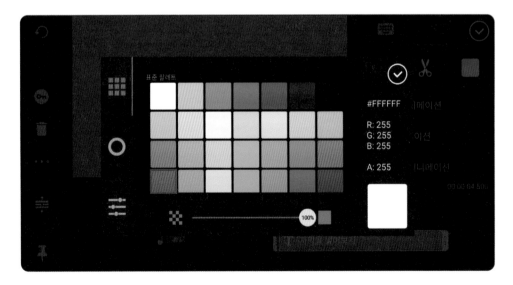

▶ 윤곽선 효과

다른 효과를 적용해 봅시다. 메뉴를 아래로 스크롤하면 다양한 효과들이 나타납니다. [윤곽선]을 선택하세요. 자막에 윤곽선 효과를 적용하면 글자 주위에 얇은 테두리를 둘러줍니다. 더 또렷하게 보이는 효과가 있습니다. 윤곽선의 색상도 자유롭게 설정할 수 있습니다.

[Enable] 옆에 있는 옵션을 켜세요.

[Enable] 아래 [검은색 정사각형] 부분을 터치하면 윤곽선의 색을 바꿀 수 있습니다. 흰색으로 바꿔볼까요?

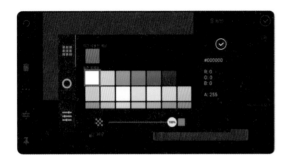 

▶ 그림자 효과

자막에 윤곽선 효과를 적용하면 글자 주위에 얇은 테두리를 둘러줍니다. 더 또렷하게 보이는 효과가 있습니다. 윤곽선의 색상도 자유롭게 설정할 수 있습니다.

▶ 글로우 효과

글로우(glow)란 '빛나다, 빛을 내다'를 의미입니다. 글로우 효과를 적용하면 글자 주변에 희미하게 빛이 납니다. 글로우 효과를 적용해 봅니다.

▶ 자막 배경 효과

글자 뒤에 배경을 추가할 수 있습니다. 배경이 너무 어지러워서 자막이 잘 보이지 않을 때에 사용하면 좋습니다. 배경색도 자유롭게 설정할 수 있습니다.

 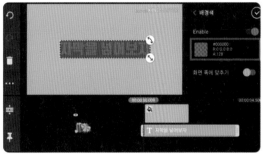

배경색 아래에는 [화면 폭에 맞추기] 설정을 켤 수 있습니다. 오른쪽 이미지처럼 화면 좌우 끝까지 배경을 채워줍니다. 이 설정을 켜면 자막이 명확하게 보입니다.

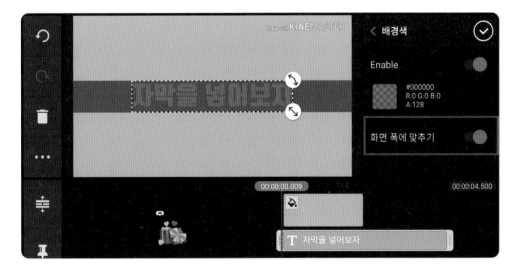

영상에 배경 음악 넣기

이제 영상에 배경 음악을 추가하는 방법을 배워봅시다. 04강에서 유튜브 앱을 사용해 배경 음악을 넣는 방법을 알아봤지만, 이보다는 영상 자체에 배경 음악을 넣는 것이 훨씬 더 좋습니다. 이렇게 영상 자체에 배경 음악이 들어 있어야 유튜브 외에 다른 곳에서도 사용할 수 있으니까요.

▶ 음악 고르기

01 음표 모양의 [오디오] 아이콘을 터치합니다.

02 [음악 에셋], [효과음 에셋], [녹음], [곡] 등의 메뉴가 보입니다. [음악 에셋]을 터치합니다. 화면 가운데의 [음악 받기] 버튼은 터치하여 에셋 스토어로 들어갑니다.

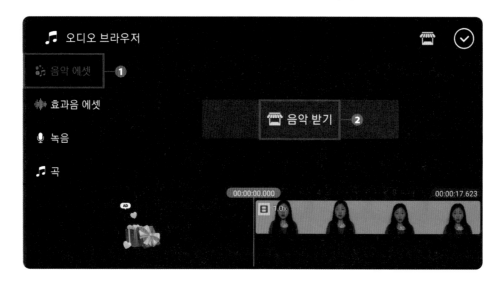

03 에셋 스토어의 음악 카테고리로 들어갑니다. 배경 음악 목록이 나타납니다. 붉은색으로 '프리미엄'이
라고 적힌 음악은 유료 버전을 구독한 사용자만 다운로드 받을 수 있습니다. '무료'라고 적힌 음원은
모든 사용자가 쓸 수 있습니다. 모든 음악은 미리 들어볼 수 있으니 들어보고 맘에 드는 음악을 골라
보세요.

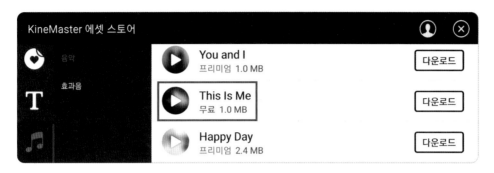

04 맘에 드는 음악을 골랐나요? 그럼 [다운로드] 버튼을 터치하여 음악을 다운로드합니다.

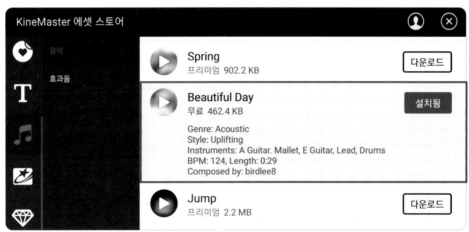

〈다운로드한 모습〉

05 내 오디오 목록에 음악이 추가됐습니다. 영상에 추가할 음악을 터치한 다음 [+] 아이콘을 터치하면
내가 편집하고 있던 프로젝트에 음악이 들어갑니다.

▶ 음악이 나오는 길이 조절하기

01 내가 편집하고 있던 프로젝트의 타임라인에 배경 음악이 추가되었습니다! 배경 음악도 자막이나 영상과 같이 언제 음악이 시작돼서 언제 끝날지 조절할 수 있습니다.

02 배경 음악의 음량을 조절하고 싶다면 스피커 모양 아이콘을 터치하세요. 오른쪽 이미지와 같이 오디오 조절 화면이 나타납니다. 막대를 위아래로 움직이면 음량을 조절할 수 있습니다.

 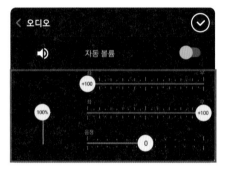

 유튜브의 자동 음량 조절 기능 ....

만약 내가 유튜브 광고주라면 내 광고 영상의 음량을 아주 크게 하고 싶은 겁니다 사람들이 주목하도록 말이죠. 그러나 시청자로서는 만약 이런 광고가 중간에 툭 튀어나온다면 깜짝 놀라 불쾌할 겁니다. 그래서 유튜브에는 음량을 자동으로 조절해주는 기능이 있습니다. 예를 들어 너무 시끄러운 광고 영상은 음량을 줄이고, 너무 소리가 작게 녹음된 영상은 음량을 높여주는 식입니다.
그러니 우리가 영상을 만들 때 음량에 너무 신경을 쓰지 않아도 괜찮습니다. 다만 음량이 너무 크거나 작아서 불편함을 느끼지 않을 정도면 됩니다.

....

▶ 한 영상에 2개 이상의 음악 넣기

영상에 한 가지 음악이 쓰이는 경우는 많지 않습니다. 상황별로 어울리는 음악을 여러 개 쓰게 됩니다. 2개 이상의 음악을 쓰려면 어떻게 해야 할지 알아봅시다.

01 [오디오] 아이콘을 터치하여 오디오 브라우저로 들어갑니다. 음악 에셋에서 추가하고 싶은 음악은 선택하고 [+] 아이콘을 터치하세요. 음악이 없다면 에셋 스토어에서 원하는 음악을 하나 더 골라 다운로드받으면 됩니다.

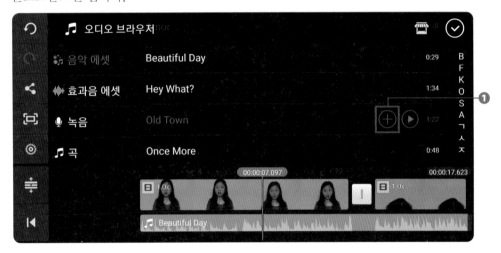

02 그러면 이렇게 타임라인에 새로운 음악이 추가된 것을 알 수 있습니다. 이대로 [재생] 버튼을 터치해 보세요. 아마 두 개의 음악이 겹쳐져 이상한 소리가 들릴 겁니다. 타임라인에서 음악의 위치를 옮기거나, 길이를 조절할 수 있습니다. 서로 겹치지 않도록 조정해 주세요. 사용하는 음악이 늘어나면 현재 타임라인이 너무 좁습니다. 그래서 오디오 작업을 할 때는 왼쪽 아래에서 두 번째 아이콘을 터치하여 작업 공간을 넓게 만듭니다.

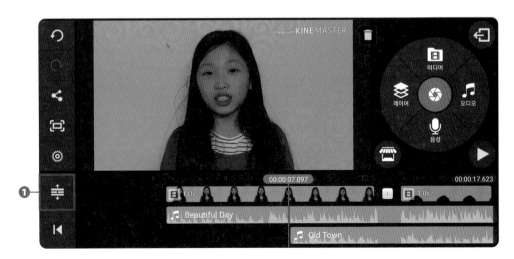

03 타임라인이 아래와 같이 확대되면서 편집하기가 쉬워졌습니다. 나중에 여러 가지 요소들이 들어간 영상을 편집할 때도 이 기능을 활용해 보세요. 이번에 배운 기능을 활용해서 음악의 위치와 길이를 수정하면 됩니다.

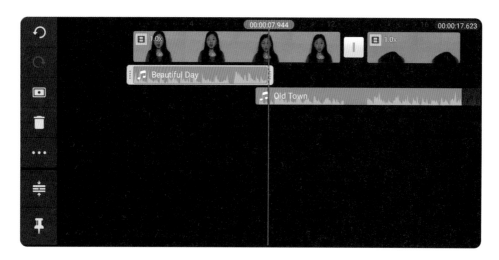

04 음악에서 겹쳐진 부분이 사라지면 아래와 같이 하나의 레이어로 합쳐지니 당황하지 마세요. 조절하다 다시 겹치는 부분이 생기면 저절로 다른 레이어로 분리됩니다.

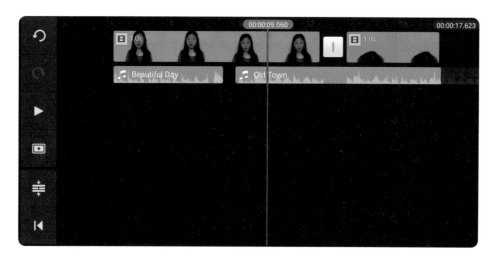

05 ▶ 키네마스터에서 유튜브로 영상 업로드하기

지난번 첫 영상을 유튜브에 올릴 때는 유튜브 앱을 활용했습니다. 파일을 저장한 다음, 유튜브 앱을 켜야 했지만, 키네마스터에서 직접 유튜브 앱을 호출할 수 있습니다.

01 아래 화면은 04강에서 봤던 화면이네요. 혹시 내보내기 기능에 대해서 모르는 부분이 있다면 잠시 04강으로 돌아가서 확인하고 오세요. 내보내기 완료된 영상이 오른쪽 목록에 생성되었습니다. 영상 이름 옆에 작은 아이콘이 3개 있는데요. 우리가 사용할 아이콘은 가운데의 [공유하기] 아이콘입니다. 터치하면, 공유하기가 가능한 다양한 앱이 나타나는 데 여기에서 유튜브 앱을 선택합니다.

02 내보내기한 영상이 업로드되면서 세부 정보를 추가하는 화면이 바로 나타납니다. 04강에서 배운 대로 제목, 설명을 추가해 업로드하면 됩니다. 이제 우리는 두 번째 영상을 내 채널에 올렸습니다. 첫 번째 올린 영상과 지금 영상을 비교해 봅시다. 대단히 많이 발전한 걸 한 눈에 알 수 있습니다. 07강부터는 내가 정말 만들고 싶은 콘텐츠를 기획해서 만들고 운영하는 법을 배울 겁니다.

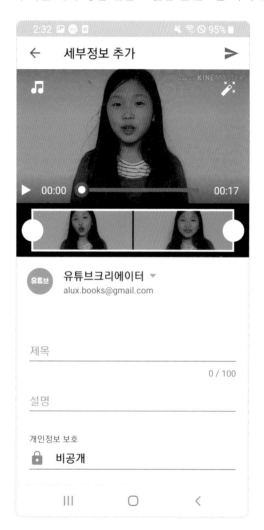

Memo

07

내가 만들고 싶은 콘텐츠는?

이번 단원에서는

1. 내가 만들고 싶은 콘텐츠를 생각해서
   기초 원고를 씁니다.
2. 스토리보드 만드는 법을 이해하고,
   내 스토리보드를 만들어 봅니다.

"좋은 콘텐츠란 뭘까요?"

우리는 이미 여강에서 이 질문에 대해 생각하는 시간을 가졌습니다. 그 뒤로 직접 영상을 촬영하고, 편집하고, 유튜브에 올리면서 조금이나마 콘텐츠를 직접 만들고 서비스하는 기회를 가졌는데, 지금은 어떤가요? "좋은 콘텐츠란 뭘까요?"라는 질문에 대한 답이 예전보다 좀 더 명확해졌나요? 우리는 종종 촬영 기술이나 편집 기술이 그다지 훌륭하지 않은데도 많은 사람에게 사랑받는 유튜버를 보게 됩니다. 이들이 사랑받는 이유는 당연하게도 콘텐츠가 좋기 때문입니다. 콘텐츠가 좋으면 나머지는 다소 부족해도 괜찮습니다. 진짜 힘은 내가 얼마나 촬영을 잘하고, 편집을 잘하고, 운영을 잘하느냐가 아니라 콘텐츠 자체에 있습니다.

유튜브 콘텐츠를 만들 때 보통 아래의 과정을 거칩니다.

아이디어 구상 → 기초 원고 → 스토리보드 → 촬영 → 편집 → 업로드

앞선 강들에서 우리가 배운 건 후반부에 해당하는 촬영, 편집, 업로드입니다. 이제 전반부인 아이디어 구상, 기초 원고, 스토리보드에 대해 배울 차례입니다. 그야말로 많이 고민해야 하는 창작의 과정이라고 할 수 있습니다.

▶ 01 아이디어 구상하기

먼저 어떤 콘텐츠를 만들면 좋을지 생각해야 합니다. 가만히 앉아서 고민한다고 좋은 아이디어가 떠오르지 않습니다. 아이디어 구상하기는 창작자들이 가장 힘들어하는 시간입니다. 몇 가지 참고할 만한 실천 사항을 알아봅니다.

▶ 내 채널 주제로 제한

범위가 너무 넓으면 아이디어를 내기 어렵습니다. 우리는 02강에서 내가 평소 좋아하고 관심이 있는 주제로 채널을 정했습니다. 우선 그 주제 안에서 생각해 보세요. 만약 생각이 바뀌었다면 채널 이름과 설명을 바꾸면 됩니다.

▶ 떠오른 생각 메모하기

창작자들은 대개 틈만 나면 떠오르는 아이디어를 기록합니다. 버스나 지하철로 이동할 때, 길을 걸을 때도 항상 메모할 준비가 돼 있습니다. 스마트폰이 있다면 메모 앱을 활용해서 간편하게 적는 것도 좋습니다. 아이디어는 순식간에 왔다가 사라집니다. 기록해두지 않으면 영영 잃어버릴 수 있습니다.

▶ 다른 사람과 이야기

한 사람이 가진 경험은 매우 제한적입니다. 다른 사람과 이야기를 하며 아이디어는 확장될 수 있습니다. 아직 영글지 않은 내 아이디어를 다른 사람에게 얘기하고 평가를 받아보면 좋습니다. 그가 내 아이디어를 바탕으로 새로운 아이디어를 내놓을지도 모릅니다.

▶ 다른 크리에이터의 콘텐츠 따라해보기

좋은 콘텐츠를 많이 접하고 흉내 내는 건 매우 중요합니다. 애초에 100% 내가 창작한 콘텐츠란 존재하지 않습니다. 흉내 내면서 많은 걸 배울 수 있고, 점차 나만의 콘텐츠의 모양을 갖추게 됩니다. 그러니 흉내 내는 걸 창피하게 생각하지 마세요.

02 스토리보드란?

영상을 촬영하기 전 마지막 단계는 스토리보드 작성입니다. 스토리보드란 영상을 제작할 때 각각의 장면의 기본적인 구성을 기록한 문서입니다. 화면, 카메라의 움직임, 대사는 물론이고 촬영할 때 필요한 사항들까지 모두 적혀 있는 영상의 설계도라고 말할 수 있습니다. 영상물을 만들 때 스토리보드는 필요합니다.

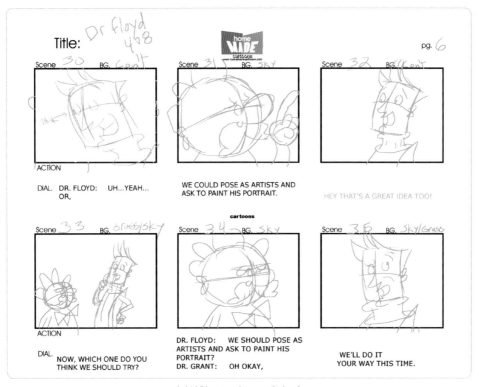

〈다양한 스토리보드 예시 01〉

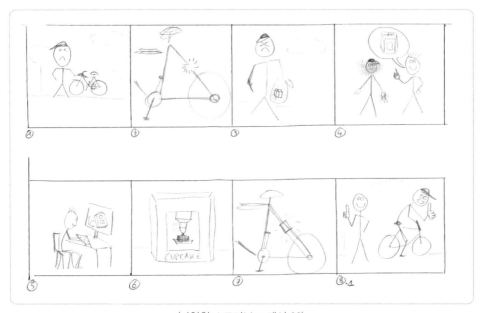

〈다양한 스토리보드 예시 02〉

"영화, 예능, 애니메이션처럼 거창한 걸 만드는 것도 아닌데 꼭 콘티를 만들어야 하나요?"라고 생각하는 사람도 있을 겁니다. 우리가 만들어서 유튜브에 올리는 건 겨우 몇 분짜리 영상이지만 이 영상을 만들기 위해 우리는 많은 시간과 노력을 들입니다. 실제로 유튜버 가운데는 스토리보드를 만들지 않고 활동하는 분들도 있습니다. 그러나 스토리보드를 쓰면 좋은 점이 훨씬 더 많습니다.

▶ 높은 수준의 영상을 만들 수 있습니다

아무리 촬영이 체질인 사람도 현장에서 즉흥적으로 만들어내는 콘텐츠의 수준은 한계가 있습니다. 오랫동안 고민해서 선별한 문장, 카메라 구도보다 즉흥적으로 만든 말과 카메라 구도는 수준이 떨어질 수밖에 없습니다. 더 좋은 콘텐츠를 만들려면 스토리보드 작성은 필수입니다.

▶ 함께 만들 수 있습니다

나 혼자 연기하고, 촬영할 때는 규칙이 없어도 그럭저럭 괜찮습니다. 그러나 함께 작업하는 사람이 2명만 돼도 서로의 생각이 달라 혼동이 생깁니다. 이때 기준이 되는 것이 바로 스토리보드입니다. 스토리보드를 바탕으로 일하면 되므로 아무리 많은 사람이 함께 일해도 혼동이 생길 여지가 없어집니다.

▶ 빠뜨리지 않게 됩니다

촬영을 마치고 편집을 하는 도중, 깜박 잊고 촬영하지 않은 부분이 있다는 걸 뒤늦게 발견할 때가 있습니다. 다시 찍을 수 있는 영상이라면 그나마 다행이지만, 그 장소, 그 순간에서만 찍을 수 있는 영상도 많습니다. 이럴 때 그 장면은 포기해야만 합니다. 스토리보드가 있는 상태에서 필요한 장면을 확인해가며 촬영한다면 빠뜨릴 확률이 낮아집니다.

03 스토리보드 작성 연습하기

스토리보드는 그림과 글로 구성됩니다. 그림을 잘 그릴 필요는 없으니 안심하세요. 둥근 머리에 몸과 팔다리는 선으로 그린 '졸라맨'으로도 충분합니다. 먼저 영상 속 장면을 그림으로 표현합니다. 그리고 그 옆에 대사를 적습니다. 출연자에게 어떤 동작을 하라는 지시까지 적습니다.

장면	이미지	대사/행동
	화면에서 나오는 모습을 그립니다.	출연자의 대사, 행동을 씁니다.

장면 번호를 적습니다. 그냥 1, 2, 3... 으로 적으면 됩니다.

장면이 바뀌는 기준(스토리보드에서 언제 새로운 이미지를 그려야 하는지에 대한 기준)은 ① 촬영 장소가 달라져 배경이 바뀌었거나 ② 카메라의 시점이 달라져 배경이 바뀌었을 때입니다. 즉, 배경이 달라졌을 때는 새로운 이미지를 그려야 합니다.

그냥 앉아서 자기소개하는 영상을 찍는다면 스토리보드는 단 한 장의 그림으로도 괜찮습니다. 그러나 같은 장소에서 찍더라도 카메라 위치를 정면, 측면 등으로 바꿀 때는 스토리보드의 이미지를 새로 그려야 합니다.

우선 스토리보드를 만드는 연습을 해봅시다. 유튜브에서 1~2분 정도의 아주 짧은 영상을 하나 찾아서 보고, 그 영상의 스토리보드를 거꾸로 그려보는 겁니다. 장면과 인물을 그리고, 대사와 행동을 적어보세요.

〈출처 – 아롱다롱TV〉

장면	이미지	대사/행동

04 내 스토리보드 작성하기

이제 내가 만들고 싶은 영상의 스토리보드를 만들어 볼 차례입니다. 어떤 영상을 만들지 상상해 보세요. 떠오르는 영상의 모습과 출연자가 말해야 할 대사를 구분해서 스토리보드를 만들어 봅니다.

▶ 영상의 제목을 적어 봅니다

앞으로 영상을 계속 올리다 보면 영상 제목을 정할 일이 정말 많습니다. 콘티는 내 영상을 만들기 전에 계획을 세우는 단계이니 이 단계에서 생각나는 제목들을 가볍게 적어보세요. 나중에 업로드할 때 바뀔 수도 있으니 부담 없이 여러 개 적어 봅니다. 나중에 가장 마음에 드는 제목으로 선택하면 되니까요.

▶ 촬영 방법을 정해서 적으세요

본인이 선택한 콘텐츠의 종류에 따라 촬영 방식이 다양해집니다. 직접 야외를 돌아다니며 촬영을 할 수도 있고, 실내에 앉아서 카메라를 고정해놓고 촬영을 할 수도 있고, 게임을 하는 화면을 촬영할 수도 있겠죠. 그러므로 촬영 도구(카메라, 스마트폰 등)와 촬영할 사람 그리고, 촬영할 장소 정도는 스토리보드 단계에서 정해두는 것이 좋습니다.

▶ 촬영 날짜, 편집 완료 날짜를 적으세요

언제 촬영할 건지, 또 언제까지 편집을 완료할지 적으면 계획을 실천하는 데 도움이 됩니다. 아무리 좋은 계획이라도 실천하지 않으면 아무짝에 쓸모가 없겠죠. 영상 계획도 마찬가지입니다.

▶ 장면에 따라 그림을 그립니다

어떤 장면일지 상상해서 그림을 그립니다. 그림을 잘 그리지 못해도 상관없습니다. 촬영할 때 인물의 위치와 행동을 알아볼 수 있으면 됩니다.

▶ 대사와 행동, 그리고 자막을 적습니다

출연자의 대사와 행동, 그리고 자막과 효과 등을 적으세요. 예를 들어 이런 문구의 자막을 넣고 싶다거나, 2~3배속으로 빠르게 넘기면 좋겠다는 등의 내용을 기록합니다. 촬영할 때 주의점이 있다면 그것도 적습니다.

- 제　　목 : _____

- 촬영 날짜 : _____

- 촬영 장소 : _____

- 촬영 방법 : _____

- 예상 편집 마감 시간 : _____

장면	이미지	대사/행동

장면	이미지	대사/행동

장면	이미지	대사/행동

08

영상 꿀팁
#1. 슬라임 만들기

이번 단원에서는

1. 두 가지 이상의 각도로 촬영하는 법을 배웁니다.
2. 영상에서 불필요한 부분을 제거하고 필요한 부분만 남깁니다.
3. 중요한 부분을 확대해서 보여주는 법을 배웁니다.

유튜브에서 가장 인기 있는 동영상의 종류별 순위를 보면 1위가 먹방, 2위가 게임, 3위가 만들기, 4위 동물, 5위 일상생활입니다. 이중 먹방은 자기소개 영상을 찍었던 방법을 그대로 사용하면 되지만, 나머지 영상은 종류별로 고려해야 할 부분이 있습니다. 앞으로 08강부터 10강까지는 이들 영상별로 꼭 참고할 만한 내용을 알아보겠습니다.

만들기	게임	일상생활, 동물
2가지 이상의 카메라 각도로 촬영하고 편집해요.	게임 실행 장면을 영상 캡처해요.	다양한 장소로 이동하면서 촬영해요.

이번에는 '만들기' 촬영입니다. 손재주가 좋은 분들이라면 자신이 무언가를 만드는 과정을 보여주는 영상을 찍고 싶을 겁니다. 만들기 영상에서는 결과물을 만드는 과정이 중요합니다. 영상에서 크리에이터가 만드는 모습을 보고 따라하고 싶은 사람들이 많기 때문이죠. 그래서 시청자가 과정을 잘 이해할 수 있도록 영상을 촬영하고 편집하는 것이 중요합니다. 만들기 중에서 가장 대표적인 '슬라임 만들기' 영상을 예시로 설명하겠습니다.

ㅋㄷㅋㄷ 코딩TV 슬라임 만들기 영상 참고하기

01

먼저 다른 유튜버의 영상에서 배울 점을 찾습니다. 이번 내용의 이해를 돕기 위해서 예시로 보면 좋을 영상을 소개하겠습니다. 유튜브 앱에 들어가서 검색 창에 '코딩티비 슬라임 만들기'를 검색합니다(아래 QR코드를 찍어도 됩니다). 여러 영상이 뜰 텐데, 이중 '클리어 슬라임 만들기' 영상을 눌러 시청해 보세요. 시청할 때, 카메라가 어떻게 바뀌는지 주목해서 보세요.

코딩TV 슬라임만들기

〈검색〉　　　　　　　　　　〈검색 결과〉

 Tip 모두가 열광하는 슬라임

원래 유동성 있는 끈끈한 점액을 '슬라임'이라고 합니다. 1976년 마텔에서 촉감 놀이 장난감으로 출시했는 데, 상표명이 '슬라임'이라 이와 비슷한 제품을 통칭하게 됐습니다. 다양한 색깔을 입히고, 구슬 등의 '파츠'를 넣어 예쁘게 꾸미기도 합니다. 만지작거리거나, 거대한 풍선(바닥 풍선, 일명 '바풍')을 만드는 게 전부지만 중독성이 높아 큰 인기를 끌고 있습니다. 인기에 힘입어 슬라임 놀이를 할 수 있는 전문 '슬라임 카페'가 등장하기도 했습니다.

▶ 다양한 각도로 촬영하기

양띵의 슬라임 만들기 영상에서 장면마다 카메라의 위치와 각도가 계속 바뀐다는 걸 눈치채셨나요? 장면을 찍을 때마다 카메라를 옮긴 건 아닙니다. 카메라 여러 대를 다양한 각도에 배치해 촬영한 다음, 각 영상을 교차 편집한 겁니다. 아마 양띵이 슬라임 만드는 과정을 처음부터 끝까지 고정된 카메라 한 대로 찍었으면 영상이 훨씬 재미없게 느껴질 겁니다.

〈양띵의 슬라임 영상에서 사용한 4가지 카메라 각도〉

▶ 핵심 장면은 더 크게 보여주기

슬라임 만들기 영상을 보는 시청자들은 가장 보고 싶어 하는 장면은 뭘까요? 아마 말랑말랑하고 쫀득쫀득한 슬라임이겠죠. 그래서 슬라임 만들기 영상들을 보면 화면에 슬라임이 크게 보이도록 카메라를 가까이 놓거나 확대 촬영한 장면이 많습니다.

02 다양한 각도에서 촬영하는 법

양띵의 영상을 통해 배웠다면 직접 도전해 봅시다. 꼭 슬라임 만들기를 하라는 의미는 아닙니다. 여러분이 07강에서 기획한 내용이 '만들기' 종류라면 참고해서 촬영하세요. 핵심은 다양한 각도에서 촬영하고, 이를 편집하는 겁니다. 친구의 스마트폰을 빌릴 수 있거나 여분의 카메라가 있다면 두 대를 동시에 촬영하는 편이 더 좋겠지만, 한 대로도 비슷한 효과를 낼 수 있습니다.

▶ 카메라의 위치 확인하기

자기소개 영상과 거의 비슷합니다. 첫 번째 위치는 정면 상반신이 나오는 위치입니다. 자기소개 영상과 비슷합니다. 두 번째 위치는 어디가 좋을까요? 만드는 과정이 잘 보이도록 책상에 두면 좋습니다. 만드는 종류에 따라 스마트폰을 고정해야 할 위치가 달라질 수 있습니다. 삼각대를 사용해서 위에서 아래로 비스듬히 내려찍는 각도가 가장 많이 쓰입니다. 카메라 위치를 수시로 옮겨야 하니, 삼각대를 사용하는 걸 추천합니다.

〈상반신만 나오는 촬영 위치 예(1번 위치)〉

〈만들기 위치가 잘 보이는 촬영 위치 예(2번 위치)〉

〈1번 위치 : 상반신이 나옴〉

〈2번 위치 : 만들기가 잘 보임〉

① 스마트폰으로 촬영해야 할 두 위치를 정합니다.

② 두 위치에서 스마트폰의 카메라 앱을 실행하고 녹화 버튼을 누른 다음, 자리에 앉아 5초 정도 시범 촬영을 해봅니다.

③ 원하는 대로 촬영이 됐는지 확인합니다.

④ 만약 그렇지 않다면 스마트폰의 위치와 각도를 조절합니다.

▶ 두 위치에서 촬영하기

카메라(스마트폰) 녹화 버튼을 누르고 자리에 가서 앉습니다. 미리 작성한 콘티 내용에 따라 촬영을 진행합니다. 장면에 따라 카메라 위치를 번갈아 바꿔가며 촬영합니다.

① 도중에 실수했더라도 잠시 쉬었다가 그대로 진행하세요.

스마트폰으로 돌아가 녹화를 종료하고, 파일을 삭제하고, 다시 녹화 버튼을 누르는 식으로 하면 연속성이 떨어져 또 실수하기 쉽습니다. 나중에 편집할 때, 실수한 부분을 잘라내면 되니 편하게 진행하세요.

② 꼭 보여줘야 할 핵심 장면에 집중하세요.

만들기 영상에서 가장 중요한 장면은 뭘까요? 만들기 어려워서 자세한 설명이 필요하거나, 와~ 하는 탄성을 자아내는 등 강조하고 싶은 장면이 있을 겁니다. 이런 곳은 좀 더 집중해서 촬영하는 것이 좋습니다. 예를 들어 그 장면만 카메라 각도를 다르게 해서 2~3번 더 찍어도 좋습니다. 나중에 더 잘 나온 영상을 골라 쓰면 됩니다.

 슬라임 영상에서 핵심 장면 ···

만들기 종류에 따라 핵심 장면이 다를 겁니다. 슬라임 영상이라면 아래와 같은 장면이 핵심입니다. 아래 내용을 참고해서 자신이 만들고 싶은 영상에서 핵심 장면이 뭘지 생각해 보세요.

01. 필요한 재료를 넣는 장면(2번 위치 촬영이 더 잘 보이겠죠!)

02. 만든 슬라임을 주~욱 늘리는 장면(1번 위치 추천)

잘 만들어졌는지 자랑하는 시간입니다. 양팔을 벌려 한껏 늘리는 장면을 연출하세요.

03. 기포 터뜨리기(2번 위치 추천)

슬라임을 접고 펴기를 반복하면 기포가 생깁니다. 이 상태에서 움켜쥐면 '타닥타닥' 소리가 납니다. 은근히 중독성 있어서 기포 터지는 소리만 모은 ASMR 영상도 있답니다.

04. '바풍' 만들기(1번 위치 추천)

'바풍'은 바닥 풍선의 줄임말입니다. 슬라임 영상의 하이라이트입니다. 슬라임을 양손에 쥐고 넓게 폈다가 빠르게 바닥으로 던지면 커다란 풍선 모양이 됩니다. 슬라임이 찢어지지 않게 최대한 큰 바풍을 만들어 보세요!

03 영상 편집 : 필요 없는 부분 잘라내기

영상 촬영을 다 마쳤으니 이제 편집을 해볼까요? 두 가지 각도에서 영상을 촬영했으니 편집 단계에서도 이점을 최대한 살려봅시다. 사용할 부분만 남기고 나머지를 삭제하는 것이 이번 영상 편집의 핵심입니다. 아래는 양띵의 슬라임 만들기 영상을 바탕으로 설명했습니다. 실제로는 여러분이 직접 찍은 영상으로 편집해야 합니다.

▶ 처음 시작은 정면 샷부터

01 카메라가 한 대일 경우와 두 대일 경우 모두 촬영 처음에는 카메라를 세워놓은 상태로 촬영했습니다. 그때 촬영한 영상을 타임라인으로 불러옵니다.

02 잘못 촬영한 부분은 영상을 터치하고 [가위 모양] 아이콘을 터치한 후 트림/분할 기능으로 잘라내고 필요한 장면만 남기세요. 그러면 영상의 초반부는 완성입니다.

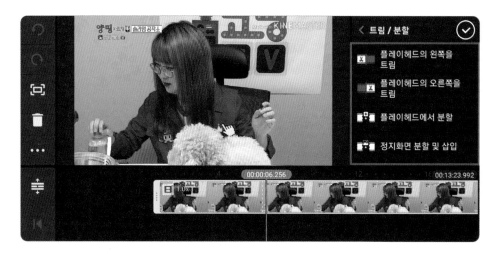

▶ 불필요한 부분 삭제

01 우리는 하나의 영상을 두 개의 위치로 이동시키면서 촬영을 했습니다. 영상을 살펴보면 카메라를 이동시키는 장면이 고스란히 찍혀 있습니다. 이동시키는 장면은 모두 분할/트림 기능을 활용해서 지워줍니다.

〈처음 찍은 영상에는 카메라를 이동시키는 장면 등 불필요한 부분이 모두 포함돼 있습니다.〉 〈카메라 이동시키는 장면 등 불필요한 부분을 덜어 내면 마치 컷을 연결한 것처럼 영상이 보입니다.〉

02 이동 부분을 잘라내면 아래 이미지처럼 타임라인에 짧은 영상들이 이어진 모양이 됩니다. 과연 결과가 어떻게 바뀌었을까요? 미리 보기 화면으로 영상을 한 번 재생해 보세요. 카메라가 이동한 것이 전혀 티가 안 납니다. 스마트폰 하나로 촬영했지만 두 개로 촬영한 것 같은 효과를 얻을 수 있습니다.

만들기 영상처럼 순서와 단계가 있을 땐 각 단계를 나타내는 자막을 추가해서 편집하면 좋습니다. 시청자가 영상을 이해하기 훨씬 쉬워지죠. 자막 넣는 방법은 06강에서 배웠습니다. 기억이 나지 않는다면 06강으로 돌아가서 다시 한번 읽어보고 자막을 추가해 봅시다.

만드는 단계를 설명하는 자막은 평소 자막보다 좀 더 강조해서 표시하면 좋습니다. 배경색을 진하게 넣거나, 돋보이는 글씨체를 쓰는 등으로 하면 눈에 잘 띕니다. TV 방송 영상처럼 만드는 것은 무리지만 할 수 있는 대로 멋진 자막을 만들어 보세요.

05 ▶ 영상 편집 : 원하는 부분 확대하기

앞서 핵심 장면은 더 크게 보여주는 것이 좋다고 했습니다. 촬영할 때에 스마트폰을 가까이해서 찍는 것이 가장 좋지만, 1인 촬영에서는 이와 같은 촬영이 어려울 때가 많습니다. 그래서 편집 과정에서 확대하는 방법을 소개합니다.

01 우선 트림/분할의 [플레이 헤드에서 분할] 기능을 활용해서 확대하고 싶은 영상 구간을 분할시켜야 합니다.

02 아래 이미지처럼 원하는 영상 구간을 분할시켜 주세요.

03 분할된 영상을 선택하면 오른쪽에 편집 아이콘들이 나타납니다. 여기서 이번에 사용할 아이콘은 가운데에 있는 [팬&줌] 아이콘입니다. [가위] 아이콘 옆에 있는 [팬&줌] 아이콘을 터치해 보세요.

04 팬&줌 화면이 나타납니다. 여기에서 시작 위치는 해당 영상의 첫 화면의 크기를 의미하고 끝 위치는 해당 영상의 마지막 화면의 크기를 의미합니다.

05 확대하려면 시작 위치 아래에 있는 박스를 선택한 상태에서 미리 보기 화면을 원하는 만큼 확대해주면 됩니다. 그럼 해당 영상의 시작 화면이 지금 보이는 미리 보기 화면처럼 확대되어 보입니다.

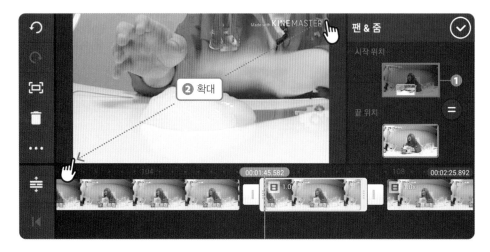

06 시작 위치의 크기와 끝 위치의 크기를 같게 설정하기 위해서 [=] 아이콘을 터치합니다.

07 효과를 적용시킨 뒤에 미리 보기 화면에서 재생을 해보세요. 아래 타임라인 바를 유심히 보면 팬&줌 효과를 적용시킨 영상이 보이는 것을 알 수 있습니다.

Tip **점점 커지게 하기**

처음에는 보통 크기였다가 뒤로 갈수록 점점 커지게 하고 싶다면 아래 방법을 사용하세요.

01. 우선 크롭 화면에서 적용시켰던 [=] 아이콘을 터치하여 해제합니다. 우리는 시작 위치의 화면 크기와 끝 위치
　　화면 크기를 다르게 할 거니까요.

02. 시작 위치는 그대로 두고 끝 위치 아래에 있는 화면을 눌러 선택한 상태에서 미리 보기 화면을 양쪽으로 늘려
　　서 더 크게 확대해 줍니다. 다 완료했다면 오른쪽 위의 체크 표시를 터치하여 저장합니다.

03. 화면이 점점 더 확대되는 영상 만들기 성공! 미리 보기 화면으로 재생해보면 슬라임을 만지고 있는 손이 점점
　　더 확대됩니다. 내가 원하는 대로 화면을 바꿀 수 있다니 정말 신기하죠?

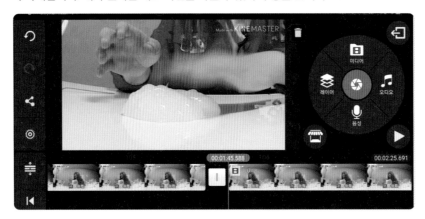

09

영상 꿀팁
#2. 모바일 게임

이번 단원에서는

1. 모바일 게임을 하는 장면을 촬영합니다.
2. 영상에 효과음과 움직이는 자막을 넣어 봅니다.
3. 이미지, 음악, 폰트를 무료로 사용하는 법을 배웁니다.

유튜브에서 검색이 많이 되는 키워드 2위는 게임(1위는 먹방)입니다. 게임은 많은 사람이 좋아하고, 또 계속 재미있는 게임이 출시되고 있기 때문에 유튜브 동영상의 소재로 적합하죠. 직접 게임을 하는 것도 재미있지만, 다른 사람이 게임을 하는 장면을 보는 것도 못지않게 재미있습니다.

이번 차시에서는 스마트폰 화면 캡처라는 방법으로 배울 겁니다. 별다른 촬영 장소가 없어도 스마트폰 하나만 있으면 만들 수 있습니다. 어떻게 하면 되는지 지금부터 배우고 직접 만들어 봅시다!

01 유명 크리에이터의 모바일 게임 영상 참고하기

먼저 유명 크리에이터들의 모바일 게임 영상을 보고 참고합니다. 02강에서 소개했던 게임 크리에이터인 양띵과 양띵크루, 도티, 대도서관의 모바일 게임 콘텐츠를 몇 개 골라봤습니다. 유튜브에서 검색해서 아래 영상들을 보고, 어떤 모바일 게임을 가지고 콘텐츠를 만들고 싶은지, 어떻게 편집하면 영상이 재미있는지 고민해 보세요.

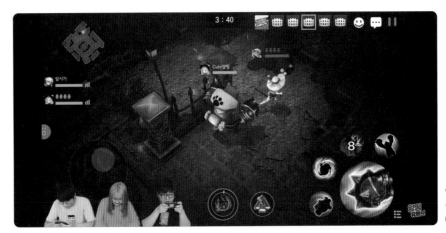

〈양띵 – 경찰과 도둑, 숨바꼭질, 좀비 술래잡기를 한 번에?! '아레나 마스터즈'〉

〈서넹 – 쫓아오지마!!!! 은근 꿀잼 좀비고 체험하기! [Mobile Game]〉

〈도티 – *무한의 스텝* 흥 폭발 캐릭터들로 신바람 무한 스텝잼〉

첫 번째로 할 일은 어떤 모바일 게임을 할지를 정하는 겁니다. 어떤 기준으로 정하면 좋을까요?

인기 게임이나 새로 나온 게임으로 영상을 만들면 잠깐 조회 수는 높을 수 있습니다. 그러나 아무리 인기 게임이라도 크리에이터가 게임을 잘 못 하고 재미없으면 영상을 만들어도 재미가 없을 겁니다. 또 내가 좋아하는 게임이 아니면 꾸준히 영상을 만드는 것도 힘들어지겠죠. 그러니까 내가 재미있고, 잘하는 게임을 선택하는 것이 더 좋습니다.

선택한 게임이 아직 스마트폰에 설치되어 있지 않다면 'Play 스토어'에 들어가서 검색 후 다운받으세요.

Play 스토어에는 유저가 좋아할 만한 게임을 추천해주는 맞춤 추천 기능과 신규 게임, 인기 게임 차트도 제공하고 있습니다. 어떤 게임을 골라야 할지 계속 고민된다면 이 기능을 활용해 보세요.

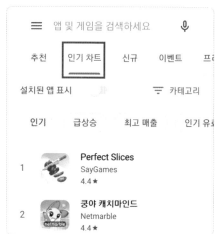

▶ 스마트폰 게임 화면 녹화하기

이제 촬영에 들어가 볼까요. 스마트폰 게임 화면 녹화는 처음이지만 지금까지 했던 촬영보다는 훨씬 간단하니까 걱정하지 않아도 됩니다. 앱 하나만 설치해서 활용하면 되는데요. 지금부터 화면 녹화 방법을 배워봅시다.

01 스마트폰 화면 녹화 프로그램 [모비즌]을 Play 스토어나 앱 스토어에서 다운로드 받습니다.

02 다운로드 받은 뒤 모비즌 앱을 실행하고 촬영하고 싶은 게임도 실행합니다. 화면 왼편에 조그만 비디오 아이콘이 생성된 걸 알 수 있습니다.

03 아이콘을 터치하면 세 가지 아이콘이 나타나는데요. 여기서 우리에게 필요한 기능인 화면 녹화는 주황색 비디오 모양 아이콘입니다.

04 아이콘을 터치하면 3, 2, 1 카운트다운 후 바로 녹화가 시작됩니다. 아무런 변화가 없어 보여도 화면의 움직임이 모두 녹화되고 있습니다. 이제 스토리보드를 바탕으로 촬영하면 됩니다.

05 촬영이 시작되면 왼쪽의 주황색 아이콘이 반투명해지면서 녹화 시간을 표시해 줍니다. 시간이 나타나고 있다면 녹화가 잘 진행되고 있다는 의미입니다. 계획했던 게임 콘텐츠 촬영을 시작하면 됩니다.

06 촬영이 끝나면 화면 왼쪽의 반투명 아이콘을 터치합니다. 3개의 아이콘이 나타나는데요. 가장 위에 있는 아이콘이 녹화를 중지하는 [정지] 버튼입니다. 가운데 있는 버튼은 녹화를 잠깐 멈추는 [일시정지] 버튼이고 아래 버튼은 화면은 캡처하는 [화면 캡처] 버튼입니다. 촬영을 다 했다면 [정지] 버튼을 터치하세요. 그러면 갤러리에 [Mobizen]이라는 폴더가 생성되고 해당 폴더 안에 스마트폰 화면이 녹화된 영상이 저장됩니다.

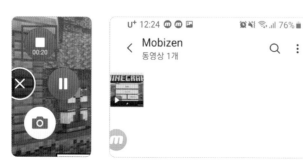

〈스마트폰 갤러리에 생성된 [Mobizen] 폴더〉

▶ 게임 화면과 내 얼굴을 같이 녹화하고 싶다면?

유튜브에서 게임 콘텐츠를 볼 때 게임 화면 한쪽 구석에 크리에이터의 얼굴이 나타나는 영상을 많이 봤을 겁니다. 모비즌 앱을 활용하면 우리도 손쉽게 만들 수 있습니다.

01 다시 모비즌 앱을 실행하고 왼쪽의 아이콘을 터치합니다. 이번에는 가운데에 있는 네모난 아이콘을 터치합니다.

02 설정 화면이 나타납니다. 상단의 [톱니바퀴] 아이콘을 터치하세요. 그럼 다양한 옵션이 나타나는데 우리에게 필요한 옵션은 [페이스캠]입니다. [페이스캠]을 터치합니다.

03 [사용 안 함]을 [사용 중]으로 바꿔줍니다. 내 얼굴이 나타날 페이스캠의 모양은 사각형과 원형 중에 고를 수 있습니다. 마음에 드는 모양으로 골라보세요.

04 페이스캠을 사용 중으로 설정했다면 이제 아까와 똑같이 녹화를 시작하면 됩니다. 그러면 아래 이미지처럼 오른쪽 구석에 스마트폰 전면 카메라로 촬영되는 모습이 함께 나타납니다. 페이스캠을 누른 상태로 이동하면 위치를 자유롭게 바꿀 수 있답니다.

05 페이스캠의 크기를 바꾸는 방법도 아주 간단합니다. 페이스캠 화면을 살짝 터치해 보세요. 오른쪽 아래에 화살표가 나타납니다.

06 해당 화살표를 누른 상태로 늘리면 페이스캠의 크기가 커집니다. 정말 간단하죠?

 Tip

PC게임을 할 때는 어떻게 하면 될까요? PC 화면을 녹화할 수 있는 프로그램이 필요합니다. 활용하기 좋은 무료 녹화 프로그램을 하나 추천하겠습니다.

■ PC 화면 녹화 프로그램 오캠(oCam)

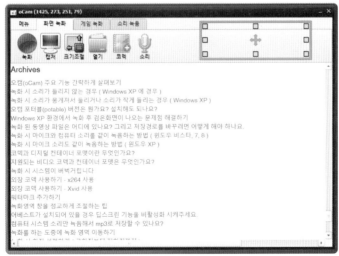

무료 프로그램인데도 워터마크 없는 깔끔한 녹화 영상을 얻을 수 있다는 장점이 있습니다. 검색 창에 '오캠'을 검색하고 다운로드받아 사용하면 됩니다.

03 움직이는 자막 만들기

내가 만들고 싶은 게임 콘텐츠를 다 촬영했나요? 영상 편집 방법은 거의 같습니다. 영상에서 필요 없는 부분을 자르고, 필요한 부분만 남기세요. 그리고 영상 편집의 꽃, 자막을 넣어 봅시다. 자막의 변신은 정말 무궁무진하답니다. 이번엔 내 자막을 조금 더 업그레이드할 방법을 알려드릴게요. 바로 '움직이는 자막 만들기'입니다!

움직이는 자막 만들기는 애니메이션 효과를 활용합니다. 효과를 넣고 싶은 자막을 누르고 오른쪽 아이콘 화면을 살짝 내려 보세요. [인 애니메이션], [애니메이션], [아웃 애니메이션]이 나타납니다.

인 애니메이션, 애니메이션, 아웃 애니메이션이 뭘까요?

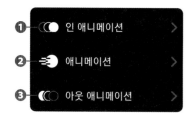

❶ 인 애니메이션 : 자막이 화면에 나타나는 순간의 효과 설정
❷ 애니메이션 : 자막이 화면에 떠 있는 동안의 효과 설정
❸ 아웃 애니메이션 : 자막이 화면에서 사라지는 순간의 효과 설정

04 인 애니메이션 효과 사용하기

그럼 자막이 나타날 때 어떤 효과를 적용할 수 있는지 알아볼까요? 화면에 있는 [인 애니메이션] 버튼을 터치해 보세요. 모든 효과를 책에서 다루기는 힘들 것 같아서 대표적인 효과 몇 가지만 소개하고 넘어가겠습니다.

▶ 페이드 효과

자막이 보이지 않다가 서서히 선명하게 보이는 효과입니다.

▶ 시계 방향 효과

자막이 시계 방향으로 돌면서 나타나는 효과입니다.

▶ 드롭 효과

자막이 화면 위에서 아래로 뚝 떨어지듯이 나타나는 효과입니다.

▶ 타이핑 효과

자막이 컴퓨터로 글자를 치는 것처럼 나타나는 효과입니다.

애니메이션 효과가 나타나는 시간을 설정할 수 있습니다. 숫자가 적은 쪽으로 설정하면 효과가 더 빨리 나타나고 숫자가 큰 쪽으로 설정하면 효과가 더 늦게 나타납니다.

예를 들어, 페이드 효과를 사용한다고 했을 때, '0.5'로 설정하면 자막이 더 빨리 선명해지고 '1.5'로 설정하면 더 천천히 선명해집니다. 직접해보면 바로 감이 올 겁니다. 원하는 효과를 선택했다면 효과 지속 시간을 한 번 바꿔보세요.

05 애니메이션 효과 사용하기

애니메이션은 자막이 영상에 보이는 동안에 어떤 효과를 넣을지 설정할 수 있는 기능입니다. 몇 가지 대표적인 효과를 알아보겠습니다.

▶ 진동
자막이 보이는 동안 계속 정신없이 진동하는 효과입니다.

▶ 느리게 깜빡이기
자막이 보이는 동안 나타났다 사라지기를 느리게 반복하는 효과입니다.

▶ 분수
자막이 보이는 동안 분수처럼 계속 쏟아져 내리는 효과입니다.

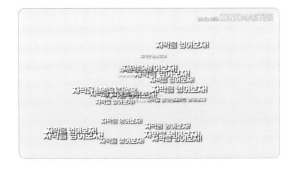

06 아웃 애니메이션 효과 사용하기

자막이 사라질 때 어떻게 사라지게 만들지를 설정할 수 있습니다. 여러 가지 효과를 적용 시켜보고 마음에 드는 효과를 골라보세요. 대표적으로 많이 쓰이는 효과 세 가지만 소개하고 넘어가겠습니다.

▶ **페이드 효과**

자막이 점점 흐려지면서 사라지는 효과입니다.

▶ **축소 효과**

자막이 점점 작아지면서 사라지는 효과입니다.

▶ **확대 효과**

자막이 점점 커지면서 사라지는 효과입니다.

자막을 재미있게 만드는 효과음 넣기

자막을 조금 더 재미있게 만드는 방법을 배워보겠습니다. 바로 소리 활용하기입니다. 예능이나 유명 유튜버들의 영상을 보면 자막이 나타날 때 자막과 함께 효과음이 들리는 것을 알 수 있습니다. 시각과 청각 모두 활용하면 시청자의 집중도를 높일 수 있어요. 지금부터 자막에 적절한 효과음을 추가해 봅시다.

01 우리가 배경 음악 넣기 편에서 사용했던 아이콘 기억하고 있나요? 바로 [오디오] 아이콘이었죠. [오디오] 아이콘을 터치합니다.

02 [오디오] 아이콘을 터치하면 오디오 브라우저가 나타나는데요. 여기서 효과음 에셋을 터치합니다. 아직 다운받은 효과음 에셋이 없습니다. 에셋 스토어에서 효과음을 먼저 다운받아 봅시다. [에셋 스토어] 아이콘을 터치해 보세요.

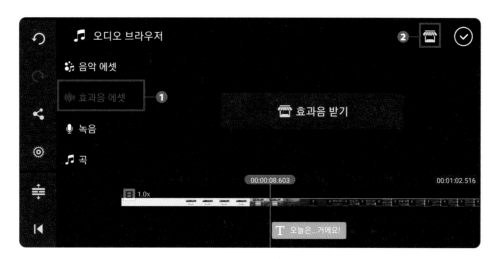

03 에셋 스토어의 효과음 목록이 나타납니다. '무료'라고 적혀있는 효과음은 누구나 다 사용할 수 있으니 자유롭게 활용하면 됩니다.

 주의

'프리미엄'이라고 붉은 글씨로 적혀있는 음악은 유료 버전 사용자만 다운로드받을 수 있습니다.

04 효과음 제목 왼쪽에 있는 ⓢ 버튼을 터치하면 효과음을 미리 들어볼 수 있습니다. 직접 들어보고 마음에 드는 효과음이 있으면 오른쪽의 [다운로드] 버튼을 터치하여 다운로드받아 보세요.

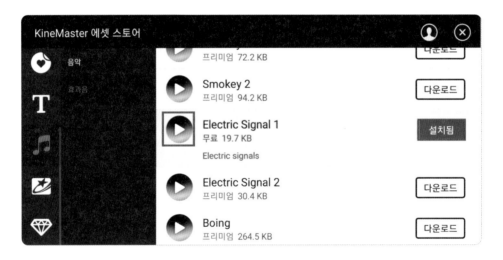

05 다운로드받으면 앞서 확인했던 오디오 브라우저에 효과음 에셋이 추가돼 있습니다.

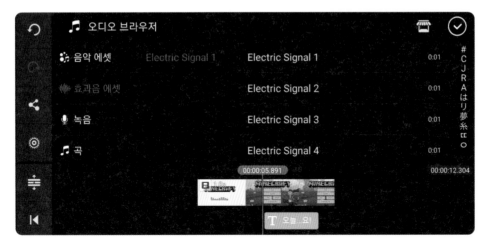

06 효과음을 선택하면 [+] 아이콘이 생성됩니다. [+] 아이콘을 터치하면 내 타임라인에 효과음이 추가
됩니다. 원하는 효과음을 타임라인 자막 아래에 추가해 보세요.

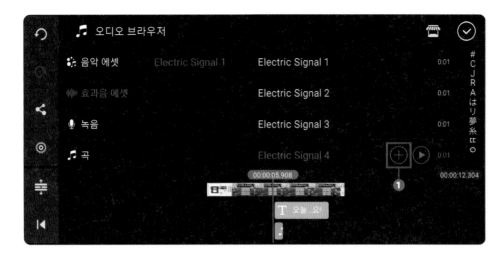

07 효과음을 추가하고 미리 보기 화면으로 재생해 보세요. 자막이과 동시에 '띠링~!'하는 효과음이 들립
니다. 효과음 넣기 완성!

효과음은 자막을 돋보이게 할 뿐만 아니라 재미있는 행동, 상황을 더욱 재미있게 만드는 능력도 갖
추고 있습니다. 자막 이외에도 재미있는 상황이 생겼을 때 효과음을 영상 곳곳에 적절하게 활용해서
멋진 영상을 만들어 보세요.

08 저작권을 지키며 영상 만드는 법

영상을 직접 만들어 보면, 무언가를 새롭게 만드는 일에 엄청난 노력이 든다는 걸 알 수 있습니다. 내가 만든 창작물, 저작물이 소중하다면, 다른 사람의 저작물도 존중해야겠죠? 콘텐츠를 만든 사람이 갖는 권한을 저작권이라고 부릅니다. 따라서 다른 사람의 저작물을 사용하려면 저작권을 지키며 사용해야 합니다.

▶ 에셋 스토어 활용

키네마스터의 에셋 스토어는 영상 편집에 필요한 글꼴, 음악 등을 제공해 줍니다. 이를 활용해 영상을 풍부하게 만들 수 있죠. 다행히 키네마스터의 에셋 스토어는 저작권 걱정을 하지 않아도 됩니다.

에셋 스토어에 있는 글꼴, 음악, 스티커 등의 저작권은 키네마스터가 갖고 있으며, 무료, 유료 사용자 구분 없이 유튜브를 비롯한 모든 SNS에서 사용 가능합니다. 심지어 내가 올린 동영상을 통해 광고 이익을 얻는다 해도 문제가 없습니다.

그렇다면 에셋 스토어에 없는 글꼴, 음악은 어떻게 하면 될까요? 원저작자에게 허락을 받고 사용하는 방법이 가장 일반적입니다. 또한 저작권 걱정 없는 이미지, 폰트를 제공해주는 사이트를 이용하는 방법도 있습니다. 저작권 걱정 없는 사이트들을 몇 가지 소개하겠습니다.

▶ 무료 폰트 제공 사이트 '눈누'

상업적으로 이용 가능한 무료 한글 폰트를 모아 놓은 사이트입니다. 폰트별로 사용 범위가 정리되어 있습니다. 영상 카테고리의 영상물 자막, UCC 사용 범위가 허용되어 있으면 유튜브 영상으로도 사용 가능합니다.

카테고리	사용 범위	허용 여부
인쇄	브로슈어, 포스터, 책, 잡지 및 출판용 인쇄물 등	O
웹사이트	웹페이지, 광고 배너, 메일, E-브로슈어 등	O
영상	영상물 자막, 영화 오프닝/엔딩 크레딧, UCC 등	O
BI/CI	회사명, 브랜드명, 상품명, 로고, 마크, 슬로건, 캐치프레이즈	O
임베딩	웹사이트 및 프로그램 서버 내 폰트 탑재, E-book 제작	O
포장지	판매용 상품의 패키지	O
OFL	폰트 파일의 수정/ 복제/ 배포 가능. 단, 폰트 파일의 유료 판매는 금지	O

▶ 구글로 무료 이미지 검색

구글은 만족스러운 검색 결과를 보여줄 뿐만 아니라 무료로 사용 가능한 이미지를 찾을 수 있습니다.

① 원하는 키워드를 검색한 다음, 이미지 탭으로 들어갑니다.
② 우측의 [도구]를 누르면 여러 가지 검색 옵션이 나타납니다.
③ 거기서 [사용 권한] 카테고리를 누르면 [재사용 가능] 옵션이 나타나면 선택하세요.
④ 이렇게 검색한 이미지는 수정 및 상업적 이용이 가능합니다.

▶ 무료 이미지 및 영상 제공 사이트 '픽사베이(pixabay)'

픽사베이에 올라와 있는 모든 이미지와 영상은 상업적 용도로 사용 가능합니다. 주로 풍경, 인물, 자연 그리고 동물과 같은 감성적인 자료를 얻을 수 있습니다.

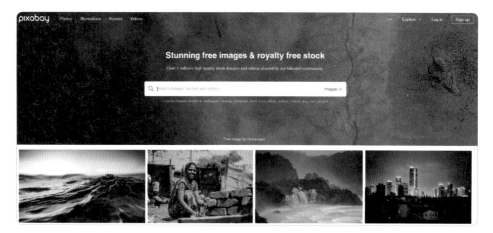

위 사이트들을 활용해서 게임 콘텐츠 혹은, 다른 콘텐츠를 만들 때 적절한 이미지를 추가해 보세요. 훨씬 재미있는 영상이 완성될 겁니다!

Memo

10
영상 꿀팁
#3. 일상 VLOG

이번 단원에서는

1. 일상 콘텐츠를 담은 영상을 만듭니다.
2. 모자이크 기능을 배워서 영상에 활용해 봅니다.
3. 나만의 자막 바를 만듭니다.

MBC의 인기 예능 프로그램 '나 혼자 산다'를 본 적 있나요? 1인 가구의 당당하고 솔직한 일상을 담은 프로그램입니다. 이 프로그램을 보면 아침에 일어나는 모습, 씻는 모습, 밥을 먹는 모습 등 특별할 것 없는 영상인데도 많은 사람이 재미있게 보고 공감합니다.

이처럼 일상생활은 가장 흔한 얘기지만, 재미있고 공감할 수 있는 소재입니다. 또 누구나 지금 당장 만들 수 있는 콘텐츠라는 장점을 갖고 있습니다. 누구나 일상생활의 소소한 이야기는 있으니까요. 유튜브에서 올라오는 VLOG(브이로그, 비디오와 블로그를 합친 말)도 이런 매력을 바탕으로 요즘 떠오르고 있습니다.

유명 크리에이터의 브이로그 영상 참고하기

유튜브에 '브이로그' 또는 'vlog'를 검색해 보세요. 브이로그 영상은 비교적 낮은 연령대의 유튜버도 많이 참여합니다. 다른 사람의 영상을 시청하면서 참고합시다. 내 일상 영상을 어떻게 만들면 좋을지 직접 고민해 봅시다.

제주도 브이로그 10살
초등학생의 주말 Jeju
Island VLOG...
ASMR라징징
3개월 전 · 조회수 9.4천회

학원없는 여중생들의
방과 후 일상
VLOG🔥/ 브이로그 /..
가은Gaeun
9개월 전 · 조회수 33만회

[윤작까] 평범한 중딩
유튜버의 24시간 밀착
브이로그
윤작까
1년 전 · 조회수 100만회

초등학생 여학생
아롱이의 홍대 쇼핑
브이로그 [VLOG]
아롱다롱TV ArongDaro..
1개월 전 · 조회수 3.5만회

학교 가는 날 늦잠
자버린 브이로그 🛏
VLOG │ ...
흐림Heurim
8개월 전 · 조회수 29만회

당분간 학교에 못가게
되었어요 ㅠㅠ 방학식
일상영상 브이로그...
프리티에스더 Pretty Est..
1개월 전 · 조회수 9.3만회

다른 유튜버의 브이로그를 본 다음, 참고할 만한 내용이 있다면 아래에 기록하세요.

_____

_____

_____

_____

_____

_____

02 움직이면서 촬영하려면?

일상 브이로그는 하루종일 스마트폰 카메라를 들고 이동해가며 촬영을 하게 됩니다. 손에 들고 촬영하기 때문에 흔들릴 위험이 큽니다. 어떻게 하면 좋을까요?

▶ 카메라의 갑작스러운 이동 금지

카메라가 조금 흔들려도 영상으로 보면 매우 불편합니다. 여기에다 카메라의 이동까지 빠르면 집중해서 보기 어려운 영상이 됩니다. 움직이면서 영상을 찍을 때는 카메라를 최대한 천천히 움직이도록 노력해야 합니다. 최대한 흔들리지 않고 가만히 스마트폰을 들고 찍을 수 있도록 연습합니다. 촬영하기 전에 미리 카메라의 동선을 확인해 두면 덜 흔들리고, 덜 움직이게 찍는 데 도움이 됩니다.

▶ 짐벌 사용

카메라의 흔들림을 줄여주는 보조도구를 활용하는 것도 좋습니다. 가장 대표적인 도구는 짐벌인데요, 셀카봉과 비슷하게 생겼지만, 카메라의 흔들림을 보정해주는 효과를 가지고 있습니다. 짐벌에 스마트폰을 장착하고 이리저리 움직여 보면 신기하게도 스마트폰은 거의 고정이 되는 걸 볼 수 있습니다. 하지만 가격이 비싼 편이니, 유튜브를 계속 운영하면서 정말 필요하다고 생각될 때 구매하길 추천합니다.

03 일상생활의 소재 정하기

아무리 일상생활을 담은 콘텐츠라도 어느 정도의 스토리는 필요합니다. 아래의 목록을 참고해서 어떤 일상을 담은 영상을 만들지 고민해 봅시다.

아침부터 밤까지 나의 하루 담기

〈출처 – 윤작까 유튜브 채널〉

일상 브이로그의 가장 대표적인 소재입니다. 아침부터 밤까지 나의 하루를 영상에 담는 겁니다. 아침에 일어나서 밥을 먹고 나갈 준비를 하는 등 소소한 일상을 찍어서 영상을 만들어 보세요. 다만 온종일 영상을 잊지 않고 계속 찍어야 하고, 이렇게 찍은 영상을 이어 붙이려면 상당한 수고를 해야 합니다.

주말 하루 담기

〈출처 – 아롱다롱TV 유튜브 채널〉

주말이나 휴일은 평일에는 시간이 오래 걸려 할 수 없는 일을 하는 날입니다. 가족들과 함께 보내는 시간도 길고요. 취미 활동 장면이나, 시장에 갔다거나, 운동하는 등의 이야기를 영상으로 담아보세요.

▶ 여행을 간 날

〈출처 – 아롱다롱TV 유튜브 채널〉

여행은 일상에서 벗어나 새로운 일을 담기에 좋은 소재가 됩니다. 〈1박 2일〉 등 여행을 주제로 한 예능 프로그램이 인기를 끄는 걸 보면 알 수 있죠. 여행지에 대한 소개나, 감상, 여행지를 가는 데 필요한 정보 등이 있다면 소개해 보세요.

▶ 특별한 일이 있는 날

〈출처 – 아롱다롱TV 유튜브 채널〉

생일이어서 생일 파티를 하거나, 놀이공원에 놀러 가거나, 여행을 가는 등 특별한 일이 있는 날은 평소보다 이야깃거리가 훨씬 많아집니다. 그런 특별한 하루를 영상에 담아보는 겁니다.

모자이크 기능 사용해보기

일상 브이로그를 찍다 보면 영상에 보이고 싶지 않은 부분이 생깁니다. 가장 흔한 예는 영상에 (영상에 실리는 것에 동의하지 않은) 사람의 얼굴이 들어간 경우입니다. 이럴 때 모자이크 기능을 많이 사용합니다. 또한 영상은 맘에 드는데 보여주고 싶지 않은 부분이 있을 때도 모자이크로 가려주면 됩니다. 영상에 모자이크 추가하는 방법을 배워봅시다.

01 먼저 모자이크를 넣고 싶은 영상을 타임라인으로 불러옵니다.

02 [레이어] 아이콘을 터치하고 [효과] 아이콘을 터치하세요.

03 효과 목록에서 [Basic Effects]를 터치합니다.

04 '가우시안 블러(Gaussian blur)'와 '모자이크(mosaic)' 두 종류의 효과가 나타납니다. 왼쪽 이미지처럼 뿌옇게 보이는 효과가 가우시안 블러이고 오른쪽 이미지처럼 조그만 블록들로 화면을 가릴 수 있는 효과가 모자이크입니다. 우리는 이번엔 모자이크 효과를 사용할 겁니다. 모자이크를 터치하여 타임라인에 추가합니다.

〈가우시안 블러(Gaussian Blur)〉

〈모자이크(Mosaic)〉

05 타임라인에 모자이크 막대가 추가되었고 미리 보기 화면에 네모난 모자이크 박스가 나타났습니다.

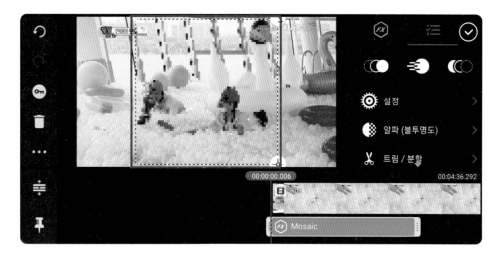

06 미리 보기 화면에서 박스의 중앙은 누른 채로 움직이면 모자이크 박스의 위치를 옮길 수 있습니다.

07 박스의 오른쪽 아래 아이콘을 움직이면 모자이크 박스의 크기를 조정할 수 있고 오른쪽 위 아이콘을 움직이면 모자이크 박스를 회전시킬 수 있습니다.

⟨크기 조정⟩ ⟨회전⟩

08 가리고 싶은 부분에 맞게 모자이크 박스의 크기를 줄여보세요.

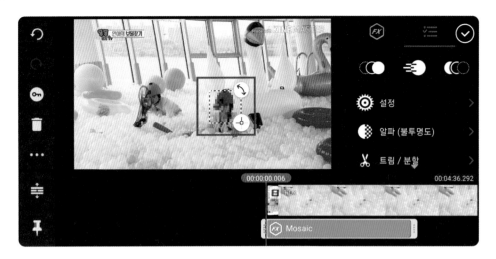

09 모자이크의 기본 모양은 네모 박스인데 네모 말고도 다양한 모양의 모자이크를 활용할 수 있습니다.
오른쪽 화면에서 [모양] 탭을 찾아서 눌러보세요.

10 네모, 동그라미, 삼각형, 별, 하트 등 마음에 드는 모자이크 모양을 선택해 봅니다.

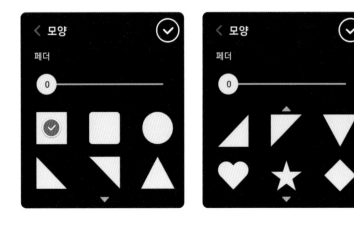

⭐ **Tip** **모자이크의 강도 조정하기** ....

01. 다시 처음 화면으로 가서 [설정] 탭을 터치합니다.

02. 블록 크기를 조절할 수 있는 막대가 나타나는 데요. 이 막대의 숫자 값에 따라 블록의 크기가 결정됩니다.

03. 가장 낮은 값인 '1'과 가장 큰 값인 '20'으로 설정해 봅니다. 어떤 차이가 있는지 확인해 보세요. 나에게 적절한 숫자를 골라 쓰면 됩니다.

움직이는 모자이크 만들기

영상에서 가리고 싶은 부분의 위치가 계속 바뀌는 경우, 모자이크도 계속 따라서 움직여 줘야 합니다. 원래는 매우 번거로운 일이지만, 키네마스터 앱에서 비교적 간단하게 만들 수 있는 기능을 제공합니다.

01 타임라인의 모자이크 막대를 터치하면 왼쪽에 열쇠 모양 아이콘이 나타나는데요. [열쇠] 아이콘을 터치해 보세요.

02 아래와 같이 애니메이션 기능이 나타나는데요. 애니메이션 기능으로 스티커, 모자이크, 텍스트 등의 레이어를 시간의 흐름에 따라 움직이도록 혹은, 크기가 달라지도록 만들 수 있습니다. 우리는 이 애니메이션 효과를 활용해서 움직이는 모자이크를 만들어 봅시다.

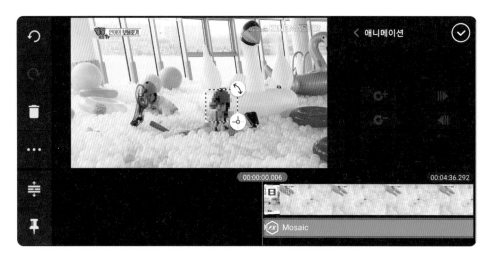

03 타임라인의 플레이 헤드를 오른쪽으로 1초 정도 움직여 봅시다. 미리 보기 화면을 보니 가리고 싶은 부분이 위로 이동했습니다.

04 미리 보기 화면에서 모자이크 박스를 누른 상태로 알맞은 위치에 옮겨주세요. 그러면 모자이크 막대에 붉은색 점이 생기는데요. 변화가 생긴 지점이라는 표시입니다.

05 다시 타임라인 화면을 드래그해서 약 1초 뒤로 영상을 움직여 주세요. 모자이크의 위치도 영상에서 가려야 할 부분에 맞춰 이동시키세요.

06 미리 보기 화면에서 모자이크의 위치를 알맞게 옮겨줍니다. 이런 식으로 모자이크로 가려야 할 부분이 끝날 때까지 이 작업을 반복하면 됩니다.

07 작업을 마쳤으면 화면 오른쪽의 미리 보기 버튼을 터치하여 확인해 보세요.

08 편집할 때 듬성듬성 옮겼던 모자이크 박스가 자연스럽게 움직이는 것을 볼 수 있습니다. 만약 모자이크 처리가 안 된 부분이 있다면, 1초보다 더 조밀하게 중간 단계를 넣어주세요.

오늘 배운 방법을 사용해서 일상을 담은 브이로그 영상을 만들어 보세요. 무엇이든지 많이 만들고 많이 올리는 게 가장 빨리 배울 수 있는 방법이랍니다.

Memo

11

인트로 영상을 만들어보자

이번 단원에서는

1. 나만의 인트로 영상을 만들어봐요.
2. 만들었던 영상 앞에 인트로 영상을 추가해봐요.

유튜브 영상을 보다 보면, 처음 영상이 뜰 때마다 반복해서 뜨는 짧은 영상을 관찰할 수 있습니다. 이렇게 본 영상이 시작되기 전에 채널을 소개하는 짧은 영상을 '인트로 영상'이라고 부릅니다. 채널 제목이 나올 수도 있고, 채널을 상징하는 로고나 캐릭터가 등장하기도 합니다. 어쨌든 이런 영상은 채널을 알리는 효과가 있어서 유튜버 대부분이 사용합니다. 하나를 잘 만들어 두면 영상을 새로 올릴 때마다 사용할 수 있어서 좋습니다.

〈ㅋㄷㅋㄷ코딩TV〉

〈마인크래프트 에듀크리에이터
아카데미(마크에크)〉

〈헤이지니〉

01 내 인트로 영상 구상하기

인트로 영상은 너무 길면 안 됩니다. 5초 이내의 짧은 영상으로 자신의 채널을 시청자에게 홍보하면 됩니다. 처음이니까 전문가가 만든 예쁜 디자인을 욕심내지 말고 이미지와 자막만으로 만들어 봅시다.

▶ 어떤 이미지를 사용할까요?

내 채널을 나타낼 수 있는 이미지가 있는지 한번 생각해 보세요. 나를 찍은 사진, 나를 기반으로 만든 캐릭터, 직접 그린 그림이 있다면 좋습니다. 이런 것이 없더라도 인터넷에서 사진과 이미지를 찾을 수 있습니다. 지금 이미지를 찾아보세요.

▶ 제목(자막)은 뭘로 할까요?

제목은 자막 기능을 사용해 넣으면 됩니다. 보통 채널 이름을 씁니다. 만약 채널을 설명하는데 채널 이름보다 더 좋은 단어가 있다면 그 단어를 사용해도 좋습니다.

▶ 내가 생각한 인트로 영상을 그림으로 그려보세요

어떤 이미지를 쓸지, 자막을 화면 어느 위치에 넣을지 미리 그림으로 나타내 봅시다. 이렇게 한번 그려보면 영상을 만드는 일이 훨씬 쉬워집니다.

영상에 이미지, 제목 추가하기

본격적으로 인트로 영상 만들어 보겠습니다. 직접 만들면서 차근차근 배워봅시다.

01 인트로 영상에 추가하고 싶은 이미지가 있다면 먼저 그 이미지를 스마트폰 갤러리에 저장해 두세요. 키네마스터를 실행한 후 새로운 프로젝트를 만들고 [미디어] 아이콘을 터치합니다.

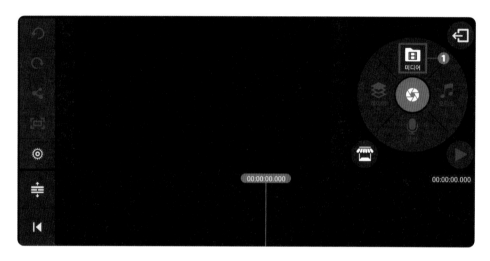

02 [단색 배경] 폴더에 들어가서 원하는 단색 배경을 타임라인에 추가합니다. 이곳 예시는 '흰색'을 선택했지만, 내가 원하는 색상을 선택하면 됩니다.

03 이제 내가 고른 이미지를 추가합니다. [레이어] 아이콘을 터치한 후 [미디어] 아이콘을 터치합니다.

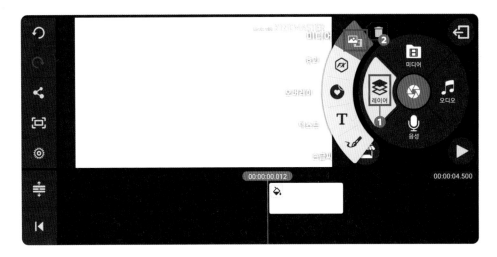

04 추가하고 싶은 이미지가 있는 폴더를 찾아서 해당 이미지를 선택합니다.

05 타임라인에 새로운 레이어가 생성되면서 단색 배경 위에 내가 선택한 이미지가 보입니다.

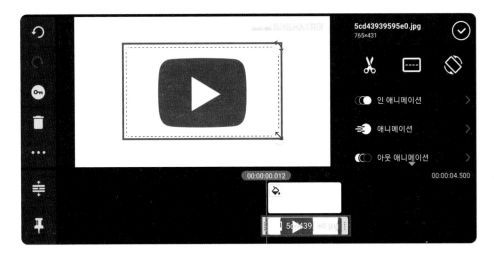

06 이미지 주변의 화살표 아이콘을 활용하면 크기와 방향을 조절할 수 있습니다. 이미지를 적당한 크기로 줄입니다.

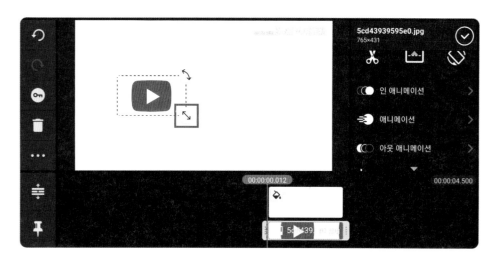

07 자막도 넣어주세요. 자막을 추가하고 글자색 바꾸는 방법은 06강에서 배웠습니다. 기본 글꼴을 그대로 쓰기보다는 내 채널에 더 잘 어울리는 다른 글꼴을 쓰는 게 좋습니다.

폰트 에셋에 들어간 다음, '한국어' 카테고리에서 글꼴을 선택하세요. 인트로 영상에 쓰는 글꼴은 두껍고 눈에 잘 띄는 것이 좋습니다. 내 채널의 성격을 고려해서 선택하세요.

03 오버레이 기능으로 애니메이션&스티커 추가하기

인트로 영상은 짧으므로 효과가 화려한 것이 좋습니다. 이때 오버레이 기능을 활용하면 좋습니다. 오버레이는 영상에 움직이는 스티커를 추가할 수 있는 기능입니다.

01 [레이어] 아이콘을 터치한 후 [오버레이] 아이콘을 터치합니다.

02 '오버레이'에는 다양한 애니메이션 효과가 들어간 이미지와 스티커가 있습니다. 처음에는 [classic_stickers] 폴더밖에 없을 겁니다. 에셋 스토어에 들어가면 더 다양한 애니메이션과 스티커를 다운받아 활용할 수 있습니다.

03 오버레이 화면에서 [더 받기]를 터치해서 에셋 스토어에 들어가 보세요.

04 에셋 스토어는 06강에서 글꼴과 음악을 다운로드받을 때 사용해본 적이 있습니다. 여기서 애니메이션을 다운로드받을 수 있습니다. [프리미엄] 표시는 유료 버전에서만 다운로드받을 수 있습니다. 프리미어 표시가 없는 애니메이션을 찾아서 다운로드 받으세요.

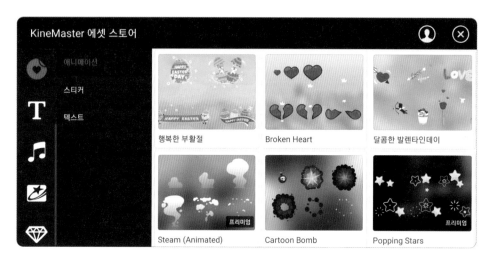

05 다운로드받고 싶은 애니메이션을 찾아서 선택한 후 [다운로드] 버튼을 터치합니다.

06 [애니메이션] 아래에 있는 [스티커]를 터치하면 귀여운 스티커들도 다운로드받을 수 있습니다. 원하는 자료를 모두 다운로드받았으면 오른쪽 위에 있는 [⊗]를 터치하여 에셋 스토어를 나옵니다.

07 다시 키네마스터 화면으로 돌아와서 오버레이로 들어가면 내가 다운로드받은 애니메이션과 스티커를 확인할 수 있습니다.

08 추가하고 싶은 애니메이션이나 스티커를 선택하여 타임라인에 추가해 보세요.

09 타임라인 화면에서 이미지가 보이는 시간을 적당히 늘려주고 미리 보기 화면에서 위치를 조정합니다.

 애니메이션과 스티커를 불러올 때 ....

에셋에서 애니메이션과 스티커를 구경하다 보면 재미있는 것들이 많아서 선택하기 어려울지도 모릅니다. 그렇다고 해서 이것저것 다 넣으면 인트로 영상이 지저분해지고, 혼란스러워지기에 십상입니다. 몇 가지 지침을 기억하세요.

첫째, 인트로 영상에서 주연은 '글자로 된 제목'입니다.
기업에서 만든 인트로 영상에서는 자신만의 캐릭터를 만들고, 구독자를 빨리 모아서 알릴 수도 있지만, 초보 유튜버에게 중요한 건 채널 제목입니다. 나머지 애니메이션과 스티커는 제목을 돋보이게 해주는 조연입니다. 과하지 않도록 사용하세요. 과한 것보다 덜한 것이 낫습니다.

둘째, 애니메이션과 스티커의 주제는 한 가지로 통일합니다.
예를 들어 물속이 배경인데 사자가 있으면 이상하겠죠? 한 가지 주제로 통일하는 것이 좋습니다. 에셋에서 한 가지, 많아야 두 가지를 다운받아서 조합하는 정도면 충분할 겁니다.

셋째, 처음부터 완벽할 수는 없습니다.
유명 유튜버들도 처음에는 매우 단순한 인트로 영상을 쓰다가 인기를 얻으면서 변경한 경우도 많습니다. 유명 유튜버들의 초기 영상을 찾아보면 이런 변화를 알 수 있습니다. 그러니까 정성을 들이되, 처음부터 너무 완벽한 인트로 영상을 만들려고 애쓰지 마세요.

....

04 인&아웃 애니메이션 추가하기

인트로 영상은 잠깐 나타났다가 사라지는 영상이기 때문에 인 애니메이션과 아웃 애니메이션을 넣어주도록 합시다. 인트로 영상 다음에 나올 본 영상과 자연스럽게 이어지도록 만들기 위해서입니다.

01 타임라인에서 앞서 만든 자막을 먼저 선택하세요.

02 [인 애니메이션]은 처음 시작할 때 효과, [아웃 애니메이션]은 끝날 때 효과입니다. 직접 효과를 적용해 보고 마음에 드는 효과를 선택하세요. 오른쪽 위의 [◉] 아이콘을 터치하면 적용됩니다.

아래 타임라인 레이어가 많아서 선택하고 싶은 요소가 보이지 않는 경우 손가락으로 타임라인의 빈 곳을 누른 상태로 위아래로 움직여 보세요. 아래쪽에 있는 레이어를 위로 스크롤 할 수 있습니다.

03 자막의 경우 효과에 [인 애니메이션], [아웃 애니메이션]이라고 글로 적혀있지만, 오버레이의 경우에는 애니메이션 효과가 아이콘으로 되어있습니다. 왼쪽부터 순서대로 [인 애니메이션], [애니메이션], [아웃 애니메이션] 효과입니다.

04 이 외에는 자막의 애니메이션 효과와 모두 같습니다. 추가한 오버레이에도 인 애니메이션 효과와 아웃 애니메이션 효과를 추가해 보세요.

05 인트로 영상을 갤러리에 저장하세요. 해상도와 프레임레이트 그리고, 비트레이트는 아래 이미지와 같게 설정해주고 내보내기를 터치하면 편집한 영상이 갤러리에 영상 파일로 저장됩니다.

06 아래는 다른 방식으로 만들어 본 인트로 영상의 예시입니다. 자기 채널의 성격에 맞게 만들어 보세요.

만든 영상 앞에 인트로 영상 붙이기

나만의 인트로 영상을 완성했으니 지금까지 만들었던 영상 앞에 인트로 영상을 추가해 봅시다. 방법은 매우 간단합니다. 앞으로는 새로운 영상을 만들 때마다 이렇게 인트로 영상을 먼저 불러오고, 뒤의 영상을 만들면 됩니다.

01 새 프로젝트를 열고 [미디어] 아이콘을 터치합니다.

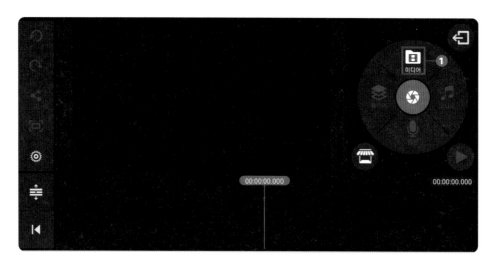

02 내가 저장한 인트로 영상을 타임라인에 먼저 추가합니다.

03 그다음에 예전에 만들었던 영상을 타임라인에 추가합니다. 인트로 영상과 다음 영상 사이에 장면 전환 효과를 추가할 수도 있습니다(03강 내용 참고).

04 만든 영상을 갤러리에 저장하세요. 파일명에 '인트로 추가' 등을 붙여서 이전 영상 파일과 구분하면 좋겠죠?!

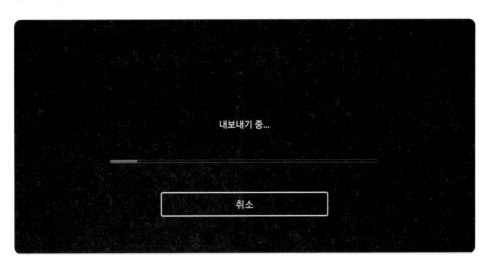

 Tip

유튜브에 이미 만들어 올린 영상 앞에 인트로 영상을 넣을 수는 없습니다. 유튜브 영상은 한번 올리면 제목, 설명글 등은 수정할 수 있지만, 영상 자체는 수정할 수 없습니다. 그래서 영상 자체를 수정해야 한다면, 새로 올린 다음 앞의 영상을 삭제하는 방법을 써야 합니다.

이번 인트로 영상을 넣어 완성한 영상을 내 유튜브 채널에 다시 올리세요. 앞에 올린 영상을 그대로 둘지, 삭제할지는 본인이 판단해야 합니다. 이미 올린 영상의 조회 수가 높거나 의미 있는 댓글이 달려있다면 그대로 남겨두는 편이 좋습니다.

12

맞춤 미리 보기 이미지를 만들자

이번 단원에서는

1. 영상을 대표하는 맞춤 미리 보기 이미지를
   만들어봐요.
2. 스마트폰으로 맞춤 미리 보기 이미지를 적용해봐요.

유튜브에서는 시청자가 영상을 검색할 때 영상을 대표하는 미리 보기 이미지를 보여줍니다. 만약 아무런 설정을 하지 않으면 유튜브가 내가 올린 영상에서 미리 보기 이미지를 자동으로 만들어 보여주지만, 이를 직접 만들 수도 있습니다. 미리 보기 이미지가 흥미로우면 그 영상을 볼 확률이 더 높아집니다. 맞춤 미리 보기 이미지는 내 영상의 조회 수를 올릴 수 있는 아주 중요한 방법 중에 하나이니 잘 배워서 활용합시다.

아래는 다른 유튜버의 맞춤 미리 보기 이미지들입니다.

   〈양띵〉

   〈헤이지니〉

   〈마크에크 시즌1〉

01 ▶ 신경 써야 할 것

내가 만든 영상을 돋보이게 해주는 '맞춤 미리 보기 이미지'를 만들어 봅시다. 먼저 주의해야 할 사항들을 알아보겠습니다.

- 시리즈 영상에 공통적으로 넣어 통일감
- 인물은 한 명만
- 키워드로 흥미 유발

▶ 호기심 유발하기

어떤 미리 보기 이미지는 호기심을 유발해 눌러보고 싶게 합니다. 내가 어떤 미리 보기 이미지를 보고 끌렸는지를 잘 생각해 보세요. 어떤 영상은 재미있는 이미지로 눈길을 끕니다. 또 어떤 영상은 질문을 던지고 궁금하면 영상을 보라는 식도 있습니다. 다른 사람의 방법을 잘 보고 나에게 적합한 방법을 찾아 적용해 보세요.

▶ 요소는 최소한으로 넣기

호기심을 유발하려고 하면 욕심이 과해지기 마련입니다. 그러나 미리 보기 이미지는 아주 작은 크기입니다. 작은 공간에 많은 글자와 이미지가 들어가면 전달하고자 하는 내용을 효과적으로 나타낼 수 없습니다. 미리 보기 이미지에 인물이 들어간다면 인물은 한두 명으로 얼굴을 크게 넣습니다. 긴 문장 대신 영상을 가장 잘 나타낼 수 있는 단어를 한두 개 넣는 편이 좋습니다. 글자는 읽기 편한 글꼴을 선택하세요.

▶ 미리 보기 이미지에 통일감 주기

시청자가 내 채널에 들어오면, 내가 지금까지 만든 미리 보기 이미지가 한눈에 보이게 됩니다. 만약 동영상마다 제각각으로 만들면 이상해 보일 겁니다. 따라서 어느 정도의 통일성이 있어야 합니다. 색깔을 통일하거나, 글꼴을 통일하는 등 일관성이 보이도록 만들어야 합니다. 잘 만든 미리 보기 이미지 하나를 조금씩 변형해도 좋을 겁니다.

(02) 맞춤 미리 보기 이미지 구상하기

이제 배운 내용을 바탕으로 내 영상에 어울리는 맞춤 미리 보기 이미지를 만들어 봅시다. 먼저 지금까지 만들었던 영상 중에 하나를 고르세요. 고른 영상의 미리 보기 이미지를 어떻게 만들지 알아봅시다.

▶ 화면 캡처하기

영상을 처음부터 끝까지 보면서 미리 보기 이미지로 사용하고 싶은 장면을 찾습니다. 영상의 내용과 분위기를 잘 나타내고 재미있는 장면이면 좋을 겁니다. 동영상에서 그 장면이 나오는 순간, 화면을 캡처합니다. 스마트폰이나 태블릿에서 화면을 캡처하는 방법은 기기마다 조금씩 다른데, 주로 아래와 같습니다.

* 아이폰 : [전원 버튼] + [홈 버튼]을 동시에 누름

* 안드로이드폰 : [전원 버튼] + [볼륨 − 버튼]을 동시에 누름

▶ 문구, 단어 정하기

영상을 대표하는 단어나 문구를 생각해 봅시다. 예를 들어 치킨을 먹는 먹방 영상이라면 '치킨', '후라이드', '양념반 후라이드반', '치느님' 등의 단어가 후보가 됩니다. 이렇게 시청 유도를 할 수 있도록 내 영상의 주제와 관련된 문구와 단어를 2~3개 정해보세요.

▶ 이미지, 스티커 찾아보기

미리 보기 이미지에 글자를 넣었는데도 좀 허전한 느낌이 든다면 추가로 이미지나 스티커를 넣어 꾸며봅시다. 11강에서 키네마스터 앱의 오버레이 기능을 배웠습니다. 오버레이에는 무료로 사용할 수 있는 애니메이션과 스티커가 많이 있었어요. 거기서 내 미리 보기 화면에 추가하고 싶은 스티커를 골라보세요.

맞춤 미리 보기 이미지 만들기

01 키네마스터를 실행하고 새롭게 프로젝트를 생성합니다. 그리고 오른편의 [미디어] 아이콘을 터치합니다.

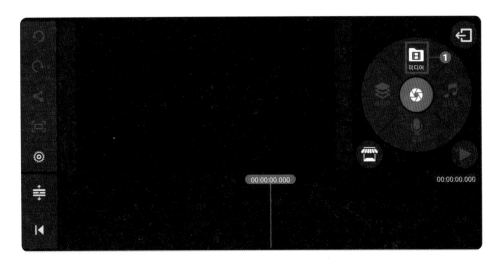

02 내가 맞춤 미리 보기 이미지를 적용하고자 하는 영상에서 캡처한 이미지를 찾아 타임라인에 추가합니다.

03 이제 제목을 자막 기능을 사용해 넣어 봅시다. 자막은 [레이어] 아이콘을 터치한 후 [텍스트] 아이콘을 터치하면 추가할 수 있습니다. 자막과 관련된 다양한 기능은 06강에서 배웠습니다.

04 앞서 정한 문구를 입력합니다.

05 기본 글꼴과 하얀색 글씨는 눈에 잘 띄지 않으니 글꼴을 바꾸고 크기와 색상도 바꿔보세요. 이미지에 사람이 있다면 사람의 얼굴을 가리지 않는 위치에 자막을 배치합니다.

오버레이 추가하기

오버레이의 애니메이션과 스티커 기능을 활용해서 꾸며봅시다.

01 [레이어] 아이콘을 터치한 후 [오버레이] 아이콘을 터치합니다.

 Tip

오버레이에 들어가면 에셋 스토어에서 다운받은 다양한 애니메이션과 스티커를 사용할 수 있습니다. 에셋 스토어에서 다운받는 방법은 11강의 내용을 참고하세요.

02 마음에 드는 애니메이션을 추가해 보세요.

03 귀여운 스티커도 활용해 봅시다.

04 미리 보기 화면에서 위치와 방향을 자유롭게 수정할 수 있습니다. 자막 옆 공간에 스티커를 추가해
서 꾸며봅시다.

05 맞춤 미리 보기 이미지 완성!

05 키네마스터로 만든 미리 보기 이미지 캡처하기

01 완성한 미리 보기 이미지를 캡처해서 파일로 저장해 봅시다. 화면 왼쪽의 [캡처] 아이콘을 터치하고, [캡처 후 저장]을 터치합니다.

02 아래 화면과 같은 알림이 나타나면 갤러리에 이미지 파일로 저장됩니다.

06 유튜브 스튜디오 활용해서 섬네일 등록하기

직접 만든 맞춤 미리 보기 이미지를 적용시켜 봅시다. [YouTube Studio] 앱을 실행하세요.

01 대시보드 화면 아래 영상에서 내가 맞춤 미리 보기 이미지를 적용하고 싶은 영상을 선택합니다. 그
럼 오른쪽 화면이 나타납니다. 상단의 [연필] 아이콘을 터치합니다.

02 들어가면 영상 수정 화면이 나타납니다. [미리 보기 이미지 수정]을 터치하세요.

03 미리 보기 이미지 수정 화면에 들어가면 유튜브에서 자동적으로 생성한 세 가지의 이미지가 나타납니다. 이 중 하나를 선택하거나 직접 만든 '맞춤 미리 보기 이미지'를 업로드하면 됩니다.

04 혹시 아래 화면이 나타나면서 맞춤 미리 보기 이미지 추가 기능을 사용할 수 없나요? 맞춤 미리 보기 이미지 기능을 사용하기 위해서는 컴퓨터에서 유튜브 계정을 인증해야 합니다. 해결 방법은 197~200 페이지의 참고 내용을 확인하세요(모바일 말고 PC로 해야 함).

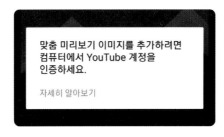

Tip **영상에 태그 추가하기** ....

태그는 어떤 정보를 검색할 때 사용하기 위해 부여하는 단어 혹은, 키워드를 의미하며, '꼬리표'라고도 부릅니다. 태그를 붙여 놓으면 유튜브에서 영상을 검색할 때 더욱더 잘 검색됩니다. 섬네일을 업로드했던 [동영상 수정] 화면을 아래로 내려보면 [태그]를 추가할 수 있는 부분이 있습니다. 여기에 내 영상을 대표할 수 있는 단어를 추가해 보세요.

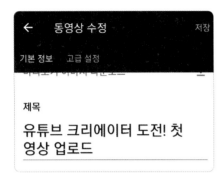

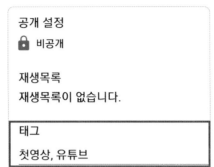

PC로 유튜브 계정 인증하기

① PC로 유튜브 웹페이지로 들어간 다음에 업로드한 동영상의 세부정보 들어갑니다. 화면 아래에 파란색 글씨인 [자세히 알아보기]를 클릭합니다.

② 아래 화면의 [인증된 계정]을 클릭합니다.

❸ 계정 확인 화면이 나타납니다. 계정을 인증받기 위해서는 전화번호가 필요합니다. 자동 음성 메시지
전화로 인증을 받을지 인증코드 문자메시지로 인증을 받을지 선택합니다.

❹ 전화번호를 입력하고 [제출]을 클릭합니다. 전화번호로 온 인증 번호를 빈칸에 입력하면 됩니다.

❺ 유튜브 계정 인증이 완료되었습니다.

⑥ 유튜브 채널 인증이 완료되었다면 스마트폰에서 다시 미리 보기 이미지 수정 화면으로 돌아갑니다. [맞춤 미리 보기 이미지]를 터치하세요. 그럼 내 갤러리에 있는 이미지들이 나타납니다. 여기서 방금 만든 미리 보기 이미지를 선택하세요.

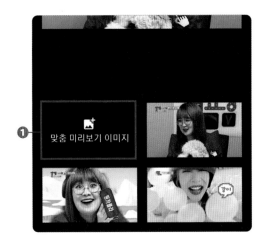
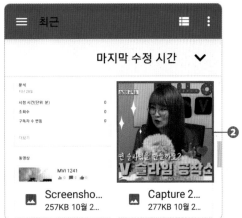

⑦ 왼쪽 화면처럼 미리 보기 이미지가 적용되었으면 [선택]을 터치하고, 오른쪽 화면으로 넘어간 다음 [저장]을 터치합니다.

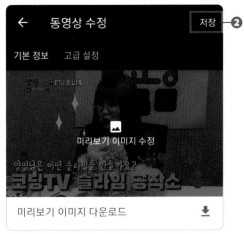

8 직접 만든 맞춤 미리 보기 이미지가 성공적으로 적용되었습니다. 이번에 배운 내용을 활용해서 앞으로 업로드 할 다른 영상에도 맞춤 미리 보기 이미지를 적용해 보세요. 채널의 완성도가 훨씬 높아집니다.

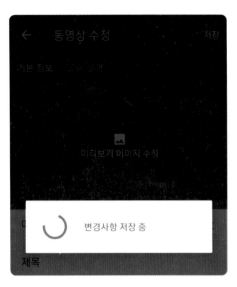

07 재생목록 만들기

마지막으로 재생목록 만드는 방법을 배워봅시다. 재생목록 만들기는 유튜브 앱에서 가능합니다.

01 유튜브 앱을 실행하고 오른쪽 상단의 프로필을 터치한 후 내 채널로 들어가서 업로드한 동영상 목록을 확인합니다.

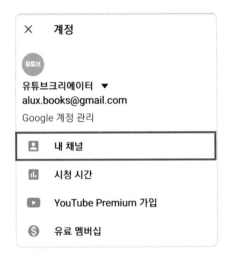

02 재생목록에 추가하고 싶은 영상을 찾고 점 3개로 표시된 아이콘을 터치하세요. [재생목록에 저장]이라는 항목이 나타납니다. [재생목록에 저장]을 터치합니다.

03 그러면 스마트폰 화면 하단에 어떤 재생목록에 저장할지 선택할 수 있는 화면이 나타납니다. 이미 있는 재생목록에 저장하려면 원하는 재생목록을 선택 후 [확인]을 터치하면 됩니다. 새 재생목록을 만들고 싶다면 [+새 재생목록]을 터치하세요. 새 재생목록을 만들 수 있는 화면이 나타납니다.

04 새롭게 만들고 싶은 재생목록의 제목을 입력하고 [만들기]를 터치하면 새 재생목록이 생성되고 선택한 영상도 목록에 포함됩니다.

개인정보 보호 설정에서 재생 목록 공개 범위를 설정할 수도 있습니다. [공개]는 모든 사용자 [미등록]은 링크를 아는 사용자만 재생 목록을 볼 수 있습니다. [비공개]는 나만 해당 재생 목록을 확인할 수 있습니다.

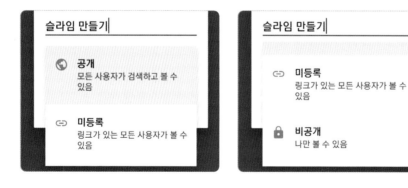

유튜브 스튜디오 활용해서
내 채널 데이터 보기

유튜브 스튜디오 앱 메인 화면에 들어가면 채널 이름 바로 아래에 간략한 채널 분석 데이터가 있습니다. 지난 28일 동안의 시청시간, 조회 수, 구독자 수 변동 그리고, 추정 수익을 알려줍니다. 이 외에도 다양한 분석 데이터를 확인할 수 있는데요. PC의 유튜브 스튜디오 분석화면 보다는 데이터가 훨씬 적지만 이동하면서 가볍게 확인할 수 있다는 장점이 있습니다. 화면 아래의 [더보기]를 터치해 보세요.

분석 화면에서 가장 먼저 나타나는 카테고리는 [개요]입니다. [개요]에서는 영상들의 실시간 조회 수 관련 데이터를 알 수 있습니다. [실시간 조회 수]는 내 채널 전체에 대해서 48시간 이내의 조회 수와 조회 수 변화 추이 그래프를 나타냅니다. 그 아래의 [실시간 조회 수 : 최근에 게시된 동영상]은 최근에 업로드한 영상의 48시간 이내의 조회 수를 나타냅니다.

화면을 아래로 내려보세요. 내 채널 전체에 대한 지난 28일 간의 시청 시간, 조회 수, 평균 시청 지속 시간 그리고 구독자 데이터도 확인할 수 있습니다. 만약 내 채널이 성장해서 수익이 나기 시작한다면 수익 데이터도 확인할 수 있겠죠?

가장 중요한 카테고리는 [검색통계]입니다. [트래픽 소스 유형]이 나타나는데요. 시청자가 내 콘텐츠를 찾기 위해서 사용하는 사이트와 유튜브 기능이 표시되는 부분입니다. 예를 들어 시청자가 내 콘텐츠를 유튜브에 검색을 하다가 발견할 수도 있고 다른 영상을 보다가 추천 영상에서 발견할 수도 있습니다. 각 유형의 비율이 어느 정도인지 정리해서 알려준다고 생각하면 됩니다. 내 영상이 가장 많이 발견되는 유형을 알고 나면 조금 더 효과적으로 채널을 운영할 수 있을 겁니다(이 부분은 PC로 더욱 자세한 데이터를 얻을 수 있으니 주기적으로 확인하면 좋습니다).

[재생목록] 카테고리에서는 내가 만든 재생목록을 사람들이 얼마나 시청했는지, 재생목록의 평균 시청 시간 등을 알 수 있습니다.

[수익], [잠재고객] 카테고리는 채널 생성 초기에는 얻을 수 있는 데이터가 없습니다. 채널이 성장해서 수익을 얻고 방문자가 많아지면 의미 있는 데이터를 확인할 수 있을 겁니다.

[대화형 콘텐츠]는 영상에 [카드]를 추가할 경우 관련된 데이터를 나타냅니다. 카드 추가 기능은 PC에서만 가능하니 참고만 하고 넘어가겠습니다.

12강을 마지막으로 유튜브 크리에이터 되기 책의 모든 내용이 끝났습니다. 처음에는 카메라 사용도 미숙했지만, 이제 동영상 하나쯤은 쉽게 만들 수 있게 됐을 겁니다. 유튜브를 시작하려는 모든 분들에게 이 책의 내용이 도움이 되었길 바랍니다. 여러분의 채널이 멋지게 성장하길 기대하고 응원하겠습니다!

화이팅! :D

스마트폰 하나로 끝내는
유튜브 크리에이터 되기

1판 1쇄 발행   2020년 03월 20일
1판 4쇄 발행   2023년 05월 04일

저　　자 | 에이럭스 교육연구소(박인선, 김정훈)
발 행 인 | 김길수
발 행 처 | ㈜영진닷컴
주　　소 | (우)08507 서울 금천구 가산디지털1로 128
　　　　　 STX–V타워 4층 401호
등　　록 | 2007. 4. 27. 제16-4189

©2020., 2023. ㈜영진닷컴

ISBN | 978-89-314-6172-5

YoungJin.com **Y.**
영진닷컴